高等职业教育城市轨道交通专业系列教材

SUIDAO YANGHU YU WEIXIU

隧道养护与维修

西安交通大学出版社
XI'AN JIAOTONG UNIVERSITY PRESS

主编 宋秀清 欧阳艳

参编 付新元* 王小凤 胡 璇 刘 锦

（注：标注*者为企业专家）

图书在版编目(CIP)数据

隧道养护与维修 / 宋秀清,欧阳艳主编. —西安：西安交
通大学出版社,2025.5
高等职业教育城市轨道交通专业系列教材
ISBN 978 - 7 - 5693 - 3424 - 1

Ⅰ.①隧…　Ⅱ.①宋…②欧…　Ⅲ.①隧道－养护－高等职业
教育－教材 ②隧道维护－高等职业教育－教材　Ⅳ.①U457

中国国家版本馆 CIP 数据核字(2023)第 165985 号

Suidao Yanghu yu Weixiu

书　　名	隧道养护与维修
主　　编	宋秀清　欧阳艳
策划编辑	杨　璠
责任编辑	杨　璠
责任校对	刘艺飞　代宏远

出版发行	西安交通大学出版社
	（西安市兴庆南路 1 号　邮政编码 710048）
网　　址	http://www.xjtupress.com
电　　话	(029)82668357　82667874(市场营销中心)
	(029)82668315(总编办)
传　　真	(029)82668280
印　　刷	陕西印科印务有限公司

开　　本	787 mm×1092 mm　　1/16　印张 11.75　字数 254 千字
版次印次	2025 年 5 月第 1 版　　2025 年 5 月第 1 次印刷
书　　号	ISBN 978 - 7 - 5693 - 3424 - 1
定　　价	59.00 元

前言

PREFACE

截至 2023 年底,全国铁路营业里程达 15.9 万 km,其中,投入运营的铁路隧道有 18 573 座,总长 23 508 km;全国公路隧道有 27 297 座,公路隧道总里程 30 231.8km。近十年来,我国累计新增运营隧道超过 3.88 万 km。目前已建成的隧道,大部分已经进入修缮期,特别是早期隧道设计理念相对落后、施工技术水平不高,造成运营后各种病害多发,给交通安全带来诸多隐患。

隧道运营后出现病害是正常现象,所有的运营隧道都会出现或多或少的病害,只是因不同的气候条件、围岩构造、水文地质条件、设计结构及施工水平等。出现的病害不同而已。

本书依据《普通铁路桥隧建筑物修理规则》,按照铁路"桥隧工"中隧道保养和维修工作,结合隧道水害、衬砌破损等病害,分别从日常、定期、特殊、专项检查介绍了具体内容,从病害成因、预防到病害的处理等进行了详细的介绍。

本书是高等职业教育交通运输与土建类专业教材,由陕西铁路工程职业技术学院、西安铁路局等单位合作编写。本书采用校企"双元合作"模式合作开发,由宋秀清、欧阳艳担任主编。陕西铁路工程职业技术学院宋秀清编写学习情境一、二,陕西铁路工程职业技术学院欧阳艳编写学习情境四、五、八,西安铁路局付新元编写学习情境七,陕西铁路工程职业技术学院王小凤编写学习情境三,陕西铁路工程职业技术学院胡璇编写学习情境六。本书的数字化资源采用了职业教育地下与隧道工程技术专业资源库的素材,相关素材由陕西铁路工程职业技术学院宋秀清、欧阳艳、王小凤、刘锦、胡璇等老师录制完成。

本书在编写过程中,编者得到了西安铁路局、兰州铁路局、昆明铁路局等企业的大力协助,西安交通大学出版社亦给予了大力支持,在此表示衷心感谢。

由于编者水平有限,书中不当和错误之处,敬请专家、读者批评指正。

编　者

2024 年 12 月

目录

CONTENTS

隧道养护基本知识

教学目标

知识目标

1. 了解隧道检测工作的任务；

2. 熟悉隧道检查工作制度；

3. 掌握隧道劣化状态的评定；

4. 掌握隧道安全等级评定的方法和步骤。

技能目标

1. 具备查阅隧道技术文件、调查隧道状态的能力；

2. 具备对病害隧道病害进行检查、观测的能力；

3. 具备对隧道进行安全等级评定的能力。

素质目标

1. 培养认真工作的态度；

2. 培养爱岗敬业的职业精神。

任务导入

小王同学今年毕业于某高职院校，就业于某铁路局，在某工务段负责桥隧养护工作，刚进入单位，对工作内容不熟悉。请与小王同学一起了解隧道常规养护内容有哪些，并学习隧道病害检查内容和缺陷类型的相关知识。

任务实施

隧道建筑物是铁路线路的重要组成部分，其结构复杂，修建困难，造价高。只有做好隧道建筑物的修理工作，才能保证铁路运输安全畅通。隧道建筑物修理实行检查与养修分开的管理体制。修理工作分为检查、维修和大修，维修工作分为经常保养和综合维修。铁路局集团公司应设置工务段（桥工段、工电段、综合维修段）及桥隧大修设计、施工和桥隧检定等组织；对技术复杂的特长隧道,可视具体情况设置专门的维修管理机构,并配备必要的施工作业机具、测试仪器及检修设备。

▶ 学习任务一　隧道养护管理

PPT
隧道基本知识

一、隧道基本知识

(一)隧道概念

隧道工程是与人类生活息息相关的古老工程,原始人用以栖息而开挖的洞穴,便是最原始的隧道工程。伴随着人类社会的发展与科学技术的进步,各种用途的隧道相继出现。

狭义上的隧道通常是指修建在地层中的地下通道,它被广泛地应用于公路、铁路、矿山、水利、市政和国防等方面;也可将其扩大到地下空间利用的各个方面,即可以把各种用途的地下通道和洞室都称为隧道。

1970 年,国际经济合作与发展组织(OECD)隧道会议中对隧道的定义为:以某种用途在地面下用任何方法按规定形状和尺寸修筑的断面积大于 $2 m^2$ 的线状建筑物。

隧道根据长度可以分为短隧道(铁路隧道规定 $L \leqslant 500 m$;公路隧道规定 $L \leqslant 500 m$)、中长隧道(铁路隧道规定 $500 < L \leqslant 3 000 m$;公路隧道规定 $500 < L < 1 000 m$)、长隧道(铁路隧道规定 $3 000 < L \leqslant 10 000 m$;公路隧道规定 $1 000 \leqslant L \leqslant 3 000 m$)和特长隧道(铁路隧道规定 $L > 10 000 m$;公路隧道规定 $L > 3 000 m$)。

隧道长度是指进出口洞门端墙墙面之间的距离,以端墙面与设计内轨面的交线同线路中线的交点计算。计算时,双线隧道以下行线长度为准;设有车站的隧道以正线为准。

(二)我国部分重点隧道介绍

中国历史上的第一座铁路隧道是位于台湾基隆的狮球岭隧道,全长 261 m,于 1890 年建成。而完全由中国人自行设计和修建的第一座铁路隧道是京张铁路(今京包铁路)的八达岭隧道,该隧道位于北京延庆,全长 1 091 m,由中国铁路工程师詹天佑主持设计和修建,于 1908 年建成。经过 130 余年艰难曲折的发展历程,中国隧道施工技术已步入世界先进水平的行列,在勘察设计、施工、运营、科研等方面取得许多重大的成就和创新。

1.大瑶山隧道

我国修建长度 10 km 以上的铁路隧道的实践是从修建 14.295 km 长的双线隧道——大瑶山隧道开始的。这座隧道的施工中采用了凿岩台车、衬砌模板台车和高效能的装运工具等机具配套作业,实行全断面开挖。大瑶山隧道(图1-1)是我国山岭隧道采用重型机具综合机械化施工的开端,将我国隧道工程的修建技术和修建长大隧道的能力提高到一个新的阶段,缩小了同国际隧道施工先进水平的差距。

图1-1　大瑶山隧道

2. 秦岭隧道

西康线秦岭隧道工程由1号线和2号线两座隧道组成(图1-2),该隧道穿过了混合片麻岩及花岗岩。其中2号线隧道是用钻爆法开挖的,采用轨行门架三臂钻孔台车、挖掘装载机、大容积梭式矿车等重型机具先开挖断面26～30 m²的导坑,平均月进尺达264 m。值得指出的是,在2号线导坑的开挖中,创造了单台风机独头通风距离6 000 m的纪录;超过6 000 m后,再串联一台风机,到独头通风距离9 500 m时,作业面空气仍符合标准要求。秦岭隧道的1号线隧道则是用直径为8.8 m的全断面掘进机开挖的,实现了隧道施工作业的工业化、自动化和信息化,为国内岩石掘进机施工积累了可贵的经验。

图1-2　秦岭隧道

3. 秦岭终南山隧道

秦岭终南山隧道位于中国国道主线包头至北海段在陕西境内的西康高速公路北段,同时也是银川至武汉主干线的西部大通道共用的"咽喉工程",隧道穿越秦岭山脉的终南山,单洞全长18.02 km,双洞长36.04 km,双向四车道(图1-3)。秦岭终南山特长公路隧道按双向车道高速公路标准建设,隧道净宽10.5 m,限高5 m,设计行车速度为80 km/h,总投资为31.93亿元人民币。该工程于 2002 年 3 月开工,于 2007 年 1 月 20 日正式通车。

图 1-3 秦岭终南山隧道

这一规模巨大的工程克服了地质断层、涌水、岩爆等施工中的难题,借鉴日本、美国、奥地利、德国、挪威等国家的特长隧道建设经验,吸取了欧洲三起隧道大火灾经验教训,破解通风、火灾、监控等运营中的重大技术难题,使秦岭终南山公路隧道具有国际领先的防灾救援系统、监控管理系统和运营服务系统。该隧道的建成是我国公路隧道建设史上的一个新的里程碑。

4. 厦门翔安隧道

厦门翔安隧道是一项规模浩大的跨海工程,全长约 9 km,其中海底隧道 5.95 km(包含海域段 4.2 km)。隧道最深处在海平面下约 70 m,工程总投资约 32 亿元人民币,是我国大陆地区第一座海底隧道。设计采用三孔双向 6 车道隧道方案(图 1-4),两侧行车主洞各设置 3 车道,中孔为服务隧道,主线设计速度为 80 km/h。该隧道于 2005 年开工,2010 年 4 月通车,按 100年的设计使用年限,确保工程的安全性和耐久性。

图 1-4 厦门翔安隧道

翔安隧道不仅是我国大陆第一座海底隧道,而且还是一座钻爆施工法的海底隧道。在强风化的松软土层、浅滩段透水砂层、海底风化深槽等恶劣地质条件下,分别采用了中隔壁法的四部工法和双侧壁导洞法施工、地下连续墙井点降水、全断面帷幕注浆技术等先进施工技术和工艺,对探索适合我国国情的海底隧道建造技术,缩小与世界先进水平的差距,都起到了重要的作用。

5. 西秦岭隧道

兰渝铁路西秦岭隧道(图1-5)为我国第二长铁路隧道。该隧道由两座平行的分离式单线隧道构成,长28 236 m,是目前采用钻爆法和全断面隧道掘进机法相结合施工的最长隧道。其出口段采用2台直径为10.24 m的敞开式硬岩掘进机进行施工,在我国铁路隧道建设史上具有重要意义。

6. 新关角隧道

新关角隧道(图1-6)是青藏铁路西格(西宁—格尔木)二线重点控制性工程,是我国最长的铁路隧道,隧道由两条分离式单线隧道组成,全长32.6 km,采用钻爆施工法。该工程于2007年11月6日全面开工,在2014年通车。该隧道是目前国内海拔最高、最长的高原隧道,施工难度罕见。

图1-5　西秦岭隧道

图1-6　新关角隧道

7. 高黎贡山隧道

高黎贡山隧道是大瑞铁路(大理—瑞丽)的重点控制性工程,位于龙陵县境内,隧道全长34.5 km,最大埋深1 155 m,是目前亚洲最长的山岭铁路隧道,地形地质条件极为复杂。该项目具有"三高、四活跃"(高地热、高地应力、高地震烈度,活跃的新构造运动、活跃的地热水环境、活跃的外动力地质条件、活跃的岸坡浅表改造过程)特征。该项目于2014年12月开工建设,隧道施工穿越19条活动断裂带,遭遇高温热害、断层破碎带、突水突泥、岩爆、放射性、有害气体、高地应力软岩大变形等技术难题。为了加快施工进度,该项目设置"1个平导、1个斜井和2个竖井",采用隧道掘进机和钻爆法进行施工,竖井最深达760 m以上。

8. 大伙房输水工程

大伙房水库输水工程引用优质充沛的辽宁东部山区水源,供给辽宁省老工业基地的中部城市群,以解决这些地区百年内用水问题,受益人口近1 000万人。其一期工程输水隧洞开挖洞径8 m,连续长85.3 km,其中60.3 km采用TBM(隧道掘进机)施工。这条超长深埋隧洞是目前世界上最长的隧洞之一,穿越50余座山、50余条河谷,最大埋深630 m,最小埋深60 m,地质情况复杂多变,在一条隧洞施工中使用 3 台 TBM,在国内是第一次。

9.北京地铁

北京地铁是北京市的城市轨道交通系统,是中国第一个地铁系统。其规划始于 1953 年,工程始建于 1965 年,最早的线路竣工于 1969 年。截至 2021 年底,北京地铁共有 17 条运营线路,运营里程 538 km,运营车站 330 座,换乘车站 69 座。

二、铁路隧道日常运营管理

铁路隧道养护和铁路桥梁养护统称为桥隧建筑物养护。

1.养护管理机构设置

铁路工务段是铁路系统的重要单位之一,专门负责铁路线路及相关设备的保养与维修,包括桥梁、隧道、涵洞、路基、钢轨、道岔等的大、中维修及养护工作和定期维护,另外铁路巡道和铁路道口的看守也属于工务段职责范围。

铁路隧道
运营管理

工务段实行段、车间、班组三级管理制度,工务段下辖重点维修车间、线路车间、桥梁车间、探伤车间、道口车间、运输车间等相关部门。其中,重点维修车间主要负责铁路线路及相关设备保养与维修;线路车间负责铁路巡道与铁路道口的看守;桥梁车间负责桥梁、隧道、涵洞的保养与维修。一般在较大车站附近设有工务车间,较小车站附近设有工务工区。

2.桥隧养护工作任务

桥隧修理工作采用状态修与周期修相结合的方式进行,以状态修为主,通过综合维修与经常保养相结合的方式,整治既有病害,及时消除危及行车安全处所,经常保持桥隧建筑物状态均衡完好,使列车能以规定的速度安全、平稳、不间断地运行。

桥隧修理工作应认真执行检查、分析、计划、作业、验收等基本工作制度,运用工务安全生产管理系统,实现检查、分析、计划、作业、验收五个环节封闭管理和资源共享,及时准确地传递信息,提高管理效能。

桥隧大修工作应根据设备技术状态和运输需要,有计划地对设备进行整治、加固,恢复或提高设备运营能力,必要时进行更新改造,以充分发挥桥隧建筑物的适用效能。

桥隧修理施工作业应特别注意行车和人身安全,严格遵守营业线施工作业相关规定,影响行车安全纳入天窗项目的施工作业必须在天窗内进行,并正确处理施工作业与运输的关系,在保证安全和质量的前提下,尽量减少中断行车和限制行车速度的时间。

三、隧道建筑物

(一)洞门

洞门是隧道门的简称,通常包含隧道门和明洞门,其作用是维持洞门边仰坡的稳定、引排水及对洞门装饰等。我国修建的大量铁路隧道,其洞门设

隧道建筑物

计大多是利用标准设计,结合当地地形、地质条件进行的。

1.隧道门类型

隧道洞门常采用的类型有端墙式洞门、翼墙式洞门、柱式洞门、台阶式洞门、削竹式洞门、耳墙式洞门、遮光式洞门等,见图1-7。

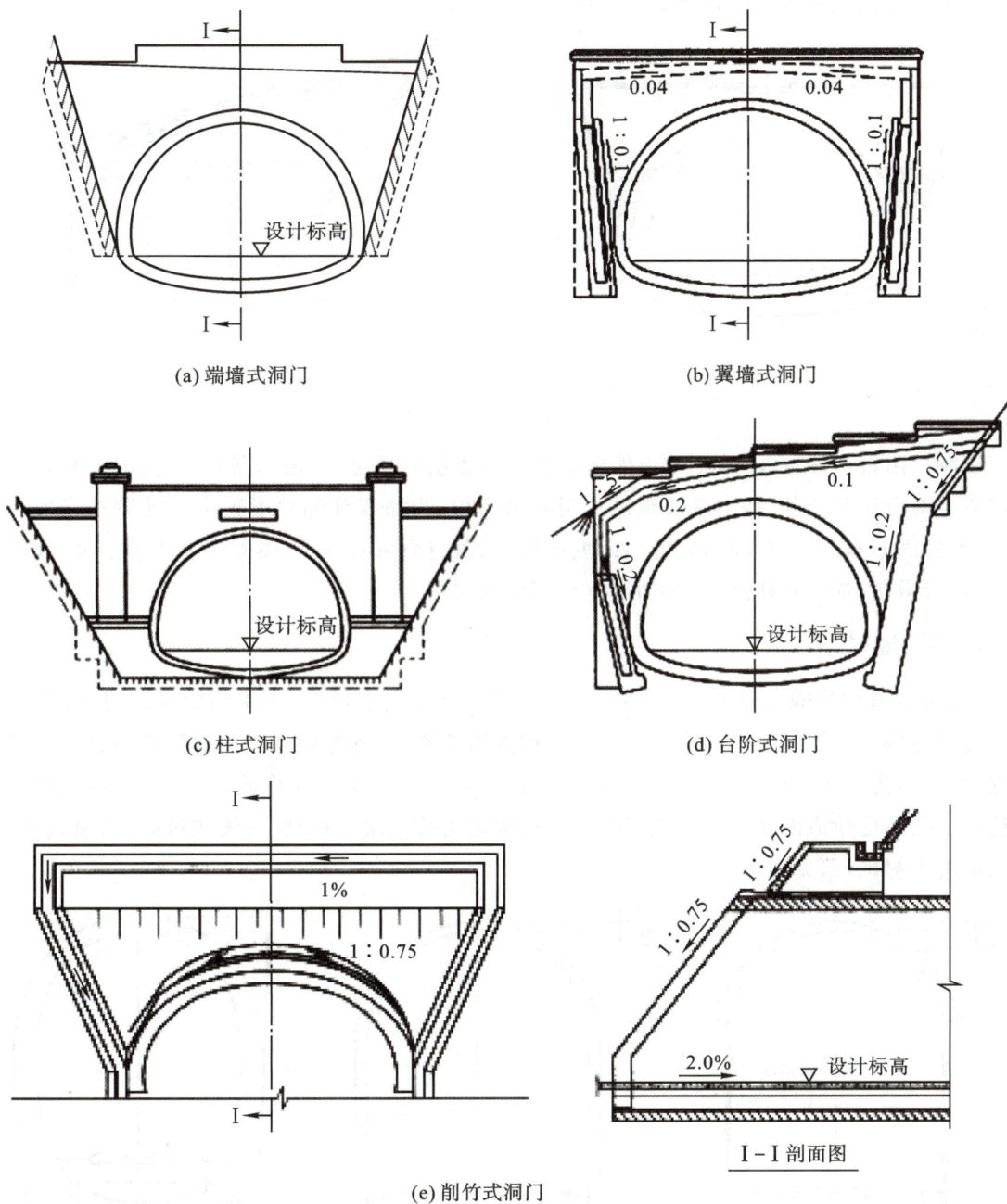

(a) 端墙式洞门

(b) 翼墙式洞门

(c) 柱式洞门

(d) 台阶式洞门

(e) 削竹式洞门

I-I剖面图

图1-7　隧道洞门类型

2. 明洞门类型

当隧道顶部覆盖层较薄难以用暗挖法修建时，或隧道洞口、路堑地段受塌方、落石、泥石流、雪害等危害时，或道路之间、公路与铁路之间形成立体交叉但又不宜修建隧道、立交桥或者渡槽时，为了减少隧道工程对环境的破坏，保护环境和景观，洞口需延长时，通常修建明洞。明洞结构类型可分为拱式明洞和棚式明洞两类（图1-8）。

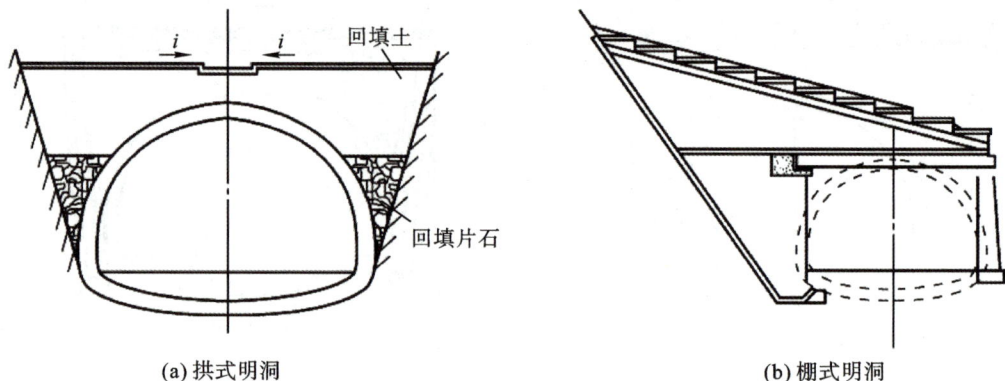

(a) 拱式明洞　　　　　　　　　　　　　　　　(b) 棚式明洞

图 1-8　明洞门类型

当洞口附近埋深很浅，施工时不能保证上方覆盖层的稳定，或是深路堑、高边坡上有较多的崩塌落石对行车有威胁时，常常修筑拱式明洞来防护；当路线外侧地形狭窄或外侧基岩埋藏较深，设置稳固的基础工程大时，或者当山坡的坍方、落石数量较少，山体侧向土压力不大，或因受地质、地形限制，难以修建拱式明洞时，可采用棚式明洞。

（二）隧道衬砌

《铁路隧道设计规范》（TB 10003—2016）规定，隧道应设衬砌，应采用曲墙式衬砌，并宜采用复合式衬砌。衬砌结构的形式和尺寸可根据围岩级别、工程地质及水文地质条件、埋置深度、环保要求、结构工作特点，结合施工条件等，通过工程类比和结构计算确定，必要时还应经过试验论证。我国已建成的隧道衬砌类型包含大拱脚边墙喷混凝土衬砌、直墙式衬砌、曲墙式衬砌、喷射混凝土衬砌等，见图1-9。

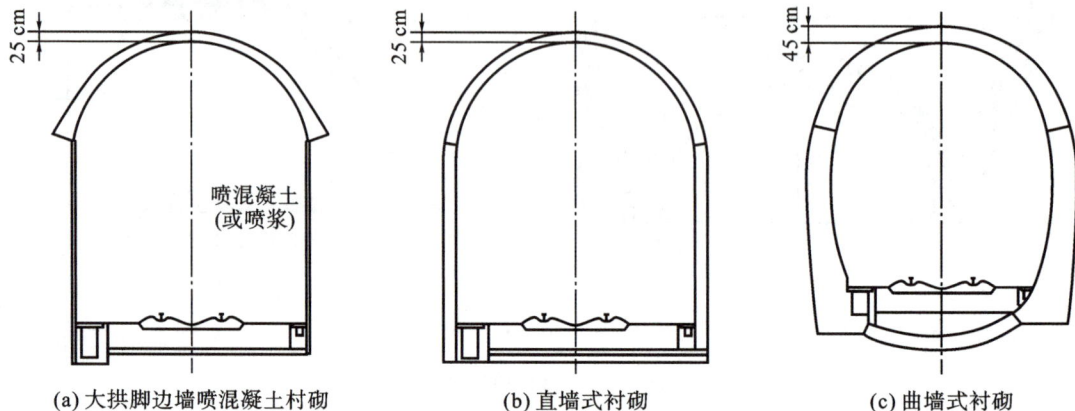

(a) 大拱脚边墙喷混凝土衬砌　　　　(b) 直墙式衬砌　　　　(c) 曲墙式衬砌

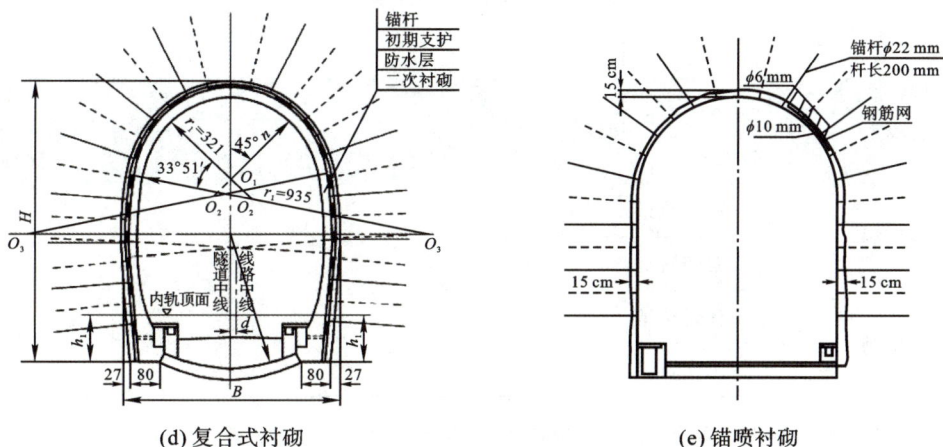

(d)复合式衬砌 　　　　　(e)锚喷衬砌

图 1-9　衬砌断面图

(三)防排水设备

新建和改建隧道,应对地表水和地下水做妥善处理,洞内外应有完整的排水设施,以保证结构和设备的正常使用和行车安全,要求做到:

(1)拱部不滴水,边墙不淌水,安装设备孔眼不渗水;

(2)道床排水通畅,不渗水;

(3)在有冻害地段的隧道,拱部和边墙基本不渗水,衬砌背后不积水。

隧道防排水应采取"防、排、截、堵相结合,因地制宜,综合治理"的原则,达到防水可靠、经济合理的目的。隧道内排水系统应完整;隧道外部的地表水丰富时,也应有良好的地表和洞顶排水系统。

(四)避车洞

重载铁路隧道、设计速度 $v \geqslant 160$ km/h 的客货共线铁路隧道,应设置大避车洞和小避车洞。对全封闭、实施大机养护、采用综合维修线路上的隧道及隧道特殊衬砌结构地段,可不设小避车洞。

1.设置规定及要求

大、小避车洞应交错设置于两侧边墙内,大避车洞之间设置小避车洞,其间距和尺寸如表1-1所示。

表 1－1　避车洞间距和尺寸

单位:m

名称	一侧间距		尺寸		
			宽	深	中心高
大避车洞	有砟轨道	300	4.0	2.5	2.8
	无砟轨道	420			
小避车洞	有砟轨道	60	2.0	1.0	2.2
	无砟轨道				

注:双线隧道小避车洞每侧间距每侧按 30 m 设置。

避车洞布置应符合下列规定:

隧道长度小于 300 m 时,可不设大避车洞;长度为 300～400 m 时,可在隧道中部设一个大避车洞;洞口接桥或路堑,当桥上无避车台或路堑侧沟无平台时,应与隧道一并考虑设置大避车洞。设计速度 160 km/h 的隧道内,避车洞应沿洞壁设置钢制扶手;避车洞不得设于衬砌断面变化或沉降缝处。

▶ 学习任务二　运营隧道病害现状

20 世纪 90 年代以来,我国修建了大量的隧道工程,这些工程由于各种病害的不断显现,已逐步步入维护、修缮期。截至 2019 年底,中国铁路营业里程达 139 000 km。其中,投入运营的铁路隧道 16 084 座,总长 18 041 km;中国已投入运营的特长铁路隧道共 170 座,总长 2 312 km。其中,长度 20 km 以上的特长铁路隧道 11 座,累计长度 262 km。已建成的隧道由于修建年代的不同,受限于当时的勘察手段及设计技术标准和施工工艺水平,再加上工程水文地质的差异等,经过数十年的运营,隧道大都存在着影响铁路运营安全的诸如隧道渗漏水、衬砌裂损(裂缝)、冻害、衬砌腐蚀及隧底翻浆冒泥等病害。

PPT

隧道病害类型

微课

铁路隧道
运营病害

一、我国铁路隧道病害现状

根据资料统计,1999 年我国铁路运营隧道失格率达到 65.2%,2000 年隧道失格率为 65.7%,有些隧道病害还相当严重,甚至危及行车安全。其中:严重漏水的 1 502 座,占失格隧道的 46%;衬砌严重腐蚀裂损的 710 座,占 22%;仰拱或铺底变形损坏的 318 座,占 9.8%;坍方

落石的 404 座,占 12.4%。陇海、成昆、襄渝、阳安、宝成、贵昆、焦柳、京原、襄黔等干线隧道的主要失格项目如表 1-2 所示。

表 1-2　铁路干线的隧道失格率

线别	隧道总座数	严重漏水/座	衬砌裂损/座	仰拱、铺底损坏/座	坍方落石/座	失格座数(失格率)
陇海	232	80	34		33	207(89.2%)
成昆	276	70	58	28	36	235(85.1%)
襄渝	400	224	88	17	86	333(83.3%)
阳安	148	92	48	3	18	122(82.4%)
宝成	344	66	17	4	37	267(77.6%)
贵昆	180	63	32	34	31	134(74.4%)
焦柳	436	95	27	4	8	195(44.7%)
京原	128	19	4	1	6	83(64.8%)
襄黔	319	33	3	43	5	117(36.7%)

注:①有的隧道多种病害失格项目并存,但总失格座数只计其中一项;
　　②"失格座数(失格率)"按"规则"规定全项目统计。

我国铁路运营隧道病害之所以如此严重,设计标准偏低、设计方案不完善和施工工艺水平不高是主要因素。以设计为例,隧道勘测中地质钻孔较少,工程及水文地质资料不足,对隧道通过的断层带、破碎带的位置判断不准确,设计中大多套用定型图,缺乏针对性的加强设计。因此尽管隧道富水等特殊地层只是部分地段,但处理不当会对整座隧道带来危害。地处寒冷地区的隧道,缺少完善的保温措施,导致冻害产生。对辅助坑道也缺乏有效的利用和管理,如成昆线沙木拉达隧道、贵昆线梅花山隧道,施工时都有水平导洞,但未考虑用来作为运营排水;相反,随地交付运营后水平导洞因未衬砌而坍塌,致积水倒灌正洞,导致隧道水害严重,长期限速运行。

隧道水害及大量排水引发地质灾害的事件时有发生。以大瑶山隧道为例,由于长期大量排水引发严重的地质灾害,隧道四周班古坳地区 1999 年发生大面积地面下陷,造成农田下陷,139 间房屋损坏,16 户居民拆迁。铁路部门为此补偿给当地群众 1 371.77 万元。据有关部门查明,其地陷原因为:大瑶山隧道穿越地段有变质的碎屑岩与石灰岩,地质构造复杂,岩层松散。在隧道施工中至 1988 年通车后,9 号断层及周围裂隙大量涌水,水涌砂出。因 9 号断层沟通岩溶地层,岩溶水大量排出,使这一带地下水遭到破坏。由于地下水位下降,原来地表土体失去浮力支撑,加上列车振动及加压,促使地下水涌出。地面土体在冲力作用下,发生了常见的地质灾害——地陷,给人民生命财产带来巨大损失。

二、公路隧道病害现状

公路隧道普遍存在渗漏水现象,20 世纪 60 年代以前修建的隧道大多未做防水处理,渗漏水问题尤为突出,近年来一些新建的公路隧道,也存在较严重的渗漏水问题。公路隧道渗漏水已被列为公路工程十大通病之一。我国公路隧道出现的病害从施工到出现问题时间较短,占相当比例的公路隧道在竣工和运营后即有衬砌裂缝和渗漏水等病害产生。隧道病害直接影响了隧道的使用性能,导致隧道未达到设计基准期而急需维修,既浪费了大量资金,还影响了隧道的正常使用,缩短了隧道维护周期和使用寿命。有些隧道的病害相当严重,甚至已经危及到行车和人身安全。

公路隧道以内燃机动车通行为主,废气及有害气体排放量大,通风不良引起的洞内空气污染问题普遍存在。另外,由于照明设计或运营管理不善,隧道内部亮度及照明达不到规范要求,引发交通事故。而这些问题又极有可能造成灾难性的火灾事故。

▶ 学习任务三　隧道检测与检查

一、检测工作的基本任务

隧道检测工作是隧道运营管理的重要环节,是隧道大修维修工作的依据,是直接关系到行车安全的技术性工作,其基本任务有以下几点:

（1）掌握隧道技术状态,建立隧道原始档案。新建隧道交付运营后,应对隧道的初始状态进行全面的检查,将检查的结果与设计进行对比分析,建立隧道状态的初始档案,为研究分析隧道运营中状态的变化提供依据。

隧道检测与检查

（2）对隧道变异（缺陷、劣化、损伤）进行调查,分析产生变异的原因,为提出养护措施和整治意见提供依据。隧道检测是做好隧道养护和病害整治的前提。通过检查可以及时发现隧道结构状态的变异,并根据检查结果分析隧道变异的原因及其危害性。对轻微和较严重的病害,及时进行养护维修。对严重病害,根据其危害程度,观测病害的发展或提出整治措施。对极严重病

隧道检测
工作任务

害,发展较快并已危及行车安全的,应派人值守,并及时安排整治;发展较慢且尚未危及行车安全的,做出病害整治安排,及早进行处理。

(3)对隧道净空进行检测,确定其通过超限货物的能力。《铁路技术管理规程》规定,新建及改建隧道限界应满足建筑限界的要求。运营中的隧道不能满足建筑限界要求时,各部分及其附属设备均不得侵入直线建筑接近限界。

(4)对隧道结构的状态进行检测,为评定安全等级提供依据,确定运用条件。隧道在运营条件下,由于列车振动、气候变换和地震等因素的影响,结构状态不断劣化,有时甚至发生突变,危及行车安全。为了确保行车安全,应按规定进行检查,根据检查的结果,研究分析结构状态变异对行车的影响,评定安全等级,提出运用条件。

(5)对拟提速线隧道的技术状态进行检查评估,为线路提速改造决策提供依据。隧道结构是根据当时的运营要求按《铁路隧道设计规范》进行设计的。随着国民经济的发展,原设计的隧道结构运行条件越来越不能满足运营的要求,为了适应国民经济发展的需要,必须提高通过铁路隧道的运行速度和机车车辆轴重。列车运行速度和机车车辆轴重提高以后,对隧道衬砌及基床的冲击力增加,破坏加重,不安全的因素增多。因此,线路提速前,应对线路上隧道的结构进行检查评估,切实掌握隧道的技术状态,为线路提速改造决策提供技术依据。

(6)对拟加固、换拱和改建的隧道进行技术状态鉴定评估,为加固、改造提供依据。对需要加固、换拱和改建的隧道应先进行详细的检查,查明隧道病害产生的原因及技术状态,根据病害种类、产生原因及其严重程度评估隧道的安全性,研究制定加固、换拱或改建方案,为加固、改造提供可靠的技术依据。

(7)对隧道内运营环境进行评价,确定是否需要设置机械通风及评价通风效果。《铁路技术管理规程》和《铁路桥隧建筑物大修维修规则》对隧道内有害气体的种类、浓度和需要通风隧道的长度都作出了明确的规定。但洞内有害气体是否超过规定,还与行车密度、行车方向、地理环境等因素有关,应按有关规定对隧道内的有害气体进行测定,确定有害气体的种类、浓度及其危害性。经过测定,发现洞内有害气体超标,对洞内维修人员及机车运行带来危害时,应按规定安装通风设备,进行机械通风。对已经设置通风机械的隧道,检测其通风效果是否满足运营要求。否则,应修订通风设计,改变通风方式或增加通风机数量。

(8)对隧道照明照度进行测定,确定其是否满足照度要求。隧道巡视、检查、大维修作业等均要求有足够的照明照度。作业的种类不同、检查的部位不同,也要求不同的照明照度。应根据各种作业内容及衬砌部位对照明照度不同的要求进行测定,确定其是否满足要求。如不满足要求,应查明原因,及时处理。

(9)对新建隧道衬砌净空及衬砌状态进行检定。新建隧道交付运营时,应提供衬砌净空和衬砌状态的全部无损检测资料。这些资料是运营管理部门管理隧道的基础资料,运营部门将根据这些资料,安排超限货物运输,推断衬砌状态是否发生变异,分析原因,以便有针对性地安排大修维修。

(10)积累隧道技术资料,及时充实隧道管理数据库,提高隧道检定评估技术水平,实现隧道养护维修的科学管理。

二、检测工作任务

根据检查工作的任务不同,隧道检查工作可分为经常检查、定期检查、临时检查和专项检查。建立检查记录、病害观测记录,并按规定认真填写,保证数据准确可靠,可以为状态分析评定和修理工作计划的编制提供依据。

1.经常检查

对桥隧设备状态变化较快和直接影响行车安全的部位应经常检查。由于线路等级、列车通过总重等不同,设备状态的变化速率会明显不同,桥隧检查工区应根据《桥隧检查计划表》,每月对工务段规定的重要桥隧设备及重点病害设备检查一遍;至少每半年对管内设备全面检查一遍。

桥隧车间主任(副主任、技术员)每半年有计划地对管内桥隧设备全面检查一遍;至少每季度对工务段规定的重要桥隧设备及重点病害设备检查一遍。对使用年久、结构特殊及有严重病害的桥隧建筑物,应按工务段规定由指定人员进行定期检查,填写《桥隧病害观察记录薄》,发现重要病害或者病害发展较快时,应逐级上报,留存影像资料,必要时绘制病害示意图(见图1-10),并计入卷宗内。

桥隧车间主任(副主任、技术员)、桥隧检查工区对每次检查情况,应运用管理系统认真填写《桥隧检查记录薄》,桥隧检查工区还应填写《桥隧检查结果汇总表》,将检查结果上传到桥隧车间,桥隧车间组织分析桥隧检查结果,形成月度检查分析报告,于每月25日前报工务段备存。对超过报验标准的处所,由桥隧车间通过管理系统及时向桥隧养修工区下达《桥隧紧急保养通知书》,并由桥隧检查工区检查其完成情况。对检查发现的其他问题,由桥隧车间根据轻重缓急,编制月度计划,经工务段批准后,组织桥隧养修工区修理。

工务段段长对管段内线桥设备安全全面负责,至少每年对工务段规定的重点病害设备检查一遍;主管副段长至少每年对工务段规定的重要桥隧设备及重点病害设备检查一遍;桥隧科或路桥科至少每半年对工务段所规定的重要桥隧设备及重点病害设备检查一遍。工务段应对桥隧车间、桥隧检查及养修工区、桥隧检测小组填写的检查数据和状态描述进行不定期现场抽查核对,对检查质量进行考核。桥隧车间对桥隧检查及养修工区也应进行相应考核。

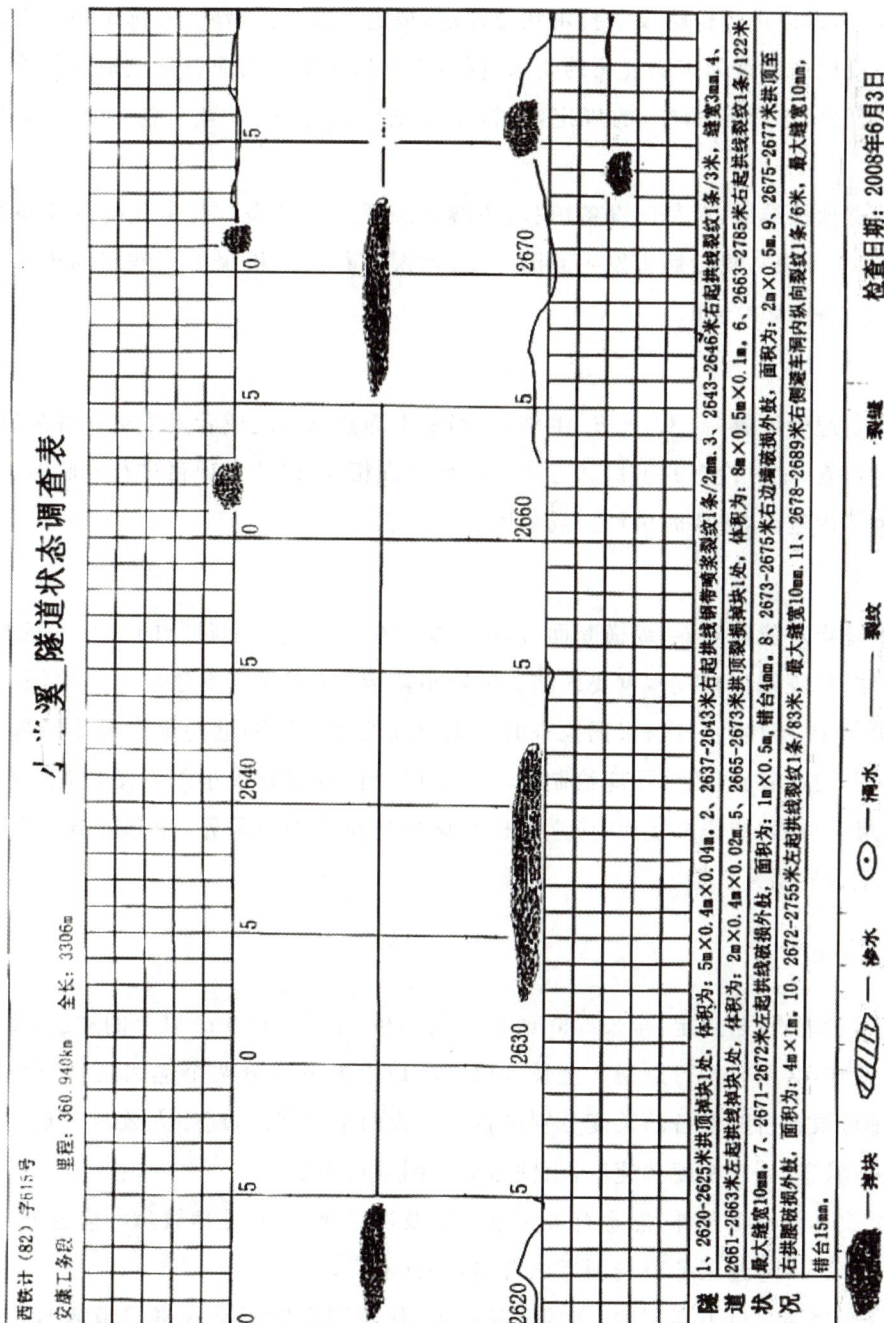

图 1-10　某隧道状态调查表

2. 定期检查

春融及汛前,应对桥隧设备及排水、泄洪及度汛防护设施进行一次检查。秋季应对桥隧设备进行全面检查,据以进行桥隧设备技术状态评定,拟定病害整治措施,安排设备改善计划。检查工作由工务段根据铁路局集团公司的要求进行,铁路局集团公司应有重点地进行检查。应按《铁路桥隧建筑物状态评定标准》的规定,进行全面细致的检查,以查明各种病害情况及发生原因。

工务段根据秋检结果,对每座设备填写《桥隧状态评定记录表》,凡劣化桥隧建筑物应填写《桥隧状态评定明细表》,提出病害发生原因、增减情况等状态分析报告。铁路局集团公司审查后于 10 月底上报铁路总公司。

3. 临时检查

当桥隧设备遭受地震、台风、火灾、洪水、车船撞击等紧急情况或者发生突发性病害时,由工务段组织临时检查,临时检查的项目和方法与定期检查相同,以特定项目进行的临时检查,应限定在该项目范围内进行,必要时由铁路局集团公司组织。

4. 专项检查

专项检查是指对隧道限界、纵横断面、洞内有害气体及洞内照明进行的检查。根据《铁路桥隧建筑物大修维修规则》的要求,重要线路上的隧道限界、纵横断面不超过 5 年检测一次,其他线路上的隧道每 10 年检测一次;根据检查的结果重新绘制每座隧道的综合最小限界图和纵断面图、横断面图。铁路局集团公司应绘制管段内各区段桥隧综合最小限界图,当发现桥隧建筑物有变形,在修理加固、线路拨线后,应立即检查该桥隧建筑物的限界,如有影响原有最小尺寸的,应及时修正限界图并上报。

三、桥隧巡守

《铁路技术管理规程》规定:全长 500 m 以上的钢桥、全长 3 000 m 以上的隧道,非全封闭运营时,应进行巡守,必要时进行监视。全长 3 000 m 以上的隧道分两个巡回区,实行昼夜巡守。巡守班次安排可根据桥隧设备的长度分别设置一个或两个巡回区,巡守人数及班制可根据沿线自然条件、设备状态、列车密度和速度,由铁路局集团自行确定。

巡守人员应具备以下条件:熟悉有关规章制度及桥隧业务;有处理故障和应急处置能力;巡守人员(含替班人员)应经工务段培训考试合格,持证上岗。

巡守人员应严格执行下列制度:交接班时应填写《桥隧巡守工交接班记录薄》,若接班者未按时到位,值班巡守不能离开工作岗位;发现有危及行车安全的故障(钢轨折断、护锥滑移、钢梁裂缝、基础冲空、洞口塌方落石、衬砌掉块)时,应立即采取防护措施,并按规定上报;每月定期向工长汇报行车及人身安全、桥隧设备病害变化等情况。

巡守工在当班巡守时,应穿戴防护服,并要掌握重点列车的运行时刻,注意瞭望,及时避车,目送本线运行列车。考虑到人身安全,巡守工在当班巡守时应走在双侧人行道上。设有昼夜巡守的桥梁和隧道,在桥头(隧道口)应设巡守房,并装设电话、电力照明、报警、信号灯等设备及必要的生活设施。

四、检测工作要求

(1)隧道检测是掌握设备状态的主要手段,检测结果是隧道维修管理的依据。为了保证检测各项工作的落实,设备管理部门应根据检测工作的要求,结合设备的实际状态,建立检测工作制度,明确检测的项目、方法、时间、人员和要求。

(2)项目检测工作的结果均应按照规定的台账和表格如实记录,按照分级管理的要求认真做好工区纪实、领工员统计、工务段分析等工作。

(3)为使各项检测工作正常进行,各有关部门应配备必要的检测工具、设备和仪表,并由有关部门定期标定,保证检测结果符合精度要求。工务段及检测评估部门应配备的检测工具、设备和仪表如表1-3、表1-4和表1-5所列。

表1-3　桥隧检查作业器机具装备参考标准

序号	名称	单位	数量			备注
			工务段	领工区	工区	
1	道尺	把			1	
2	钢尺(20 m、30 m)	把	2	1	1	
3	钢卷尺	个	2	1	1	技术人员每人一个
4	木折尺	个			2	
5	测缝塞尺	个	1	1	1	
6	吊板检查器	套	1	1	1	自制
7	水平尺及水平板	套				
8	检查小锤	个	1	1	1	
9	望远镜	个	1			15倍
10	刻度放大镜	个	1	1	1	4～10倍
11	回弹仪	个	1			
12	混凝土坍落度测量仪	个	1			
13	电子计算器	台	2	1	1	技术人员每人一台
14	照相机	台	1			

续表

序号	名称	单位	数量			备注
			工务段	领工区	工区	
15	点温计	个		1	1	测温范围—50 ℃～100 ℃
16	温度计	个		1	1	300℃
17	经纬仪	套	1			
18	水平仪	套	1			
19	平板仪	套	1			
20	垂球	个			4	
21	限界检查架	套	1			
22	一氧化碳检定器	台	1			
23	塔尺	把	4			
24	检查移动照明	套		1	1	光照度满足检查裂纹要求
25	对讲机	台	4	4	4	
26	钢筋锈蚀探测仪	个	1			检测钢筋锈蚀率

表 1－4　桥隧养修作业器机具装备参考标准

序号	器机具名称	单位	配属部门		备注
			车间	工区	
一、交通工具					
1	中型客车	辆		1	19 座以下
二、养修设备					
2	发电机组	台	2	1	
3	交、直流电焊机	台	2	1	
4	混凝土搅拌机	台		1	
5	混凝土振捣棒			4	
6	混凝土平板振动器	台		1	
7	钢筋调直切断机	台		1	
8	钢筋弯曲机	台		1	
9	钢筋液压剪	台		2	
10	手携式电焊机	台		2	

续表

序号	器机具名称	单位	配属部门		备注
			车间	工区	
11	内燃弧焊机	台		2	
12	型材切割机	台		2	
13	氧气切割设备	台		2	
14	手持式角磨机	台		6	
15	多功能钢结构表面处理机	台		1	
16	电动砂轮机	台		2	
17	手持式混凝土凿破机	台		2	
18	风镐	台		2	
19	凿岩机	台		2	
20	水电钻	台		2	
21	台钻	台		1	
22	空心钻	台		4	
23	电动冲击钻	台		2	
24	手提电刨	台		2	
25	发电机组	台		4	
26	电动扳手	台		4	
27	喷砂机具	套	1		
28	喷漆机具	套	1		
29	高压清洗机	台	1		
30	气动铆钉机	台		1	
31	多功能木工机床	台		1	
32	流速仪	台		2	根据管辖设备具体情况配备
33	水深探测机	台		2	
34	抽水机	台		2	
35	潜水泵	台		1	
36	拼装式脚手架	套		1	
37	隧道排水开槽机	台		1	

续表

序号	器机具名称	单位	配属部门		备注
			车间	工区	
38	卷扬机	台		1	
39	倒链滑车	台		1	
40	滑轮组	套		1	
41	油锯	台		1	
42	钢梁漆膜检测设备	套	2	1	有钢桥的工区配备,含干湿膜及黏度等相关检测设施
43	混凝土坍落度测量仪	台		1	
44	数字高倍望远镜	台		2	
45	手持式钢筋定位仪	台		2	
46	混凝土涂层测厚仪	台		2	
47	裂缝自动成像测试仪	套		2	带测深功能
48	升降梯	个		2	
三、照明设备					
49	移动照明灯具(内燃发电式)	台		2	
50	移动照明灯具(充电式)	台		4	
51	充电式头灯	台			
52	充电式手提灯	只			
四、通信设备					
53	手持式无线对讲机	部		6	
54	GSMR手机	部		2	
五、办公设备					
55	台式电脑	台		1	
56	笔记本电脑	台		2	
57	一体机(传真、复印、打印等)	台		1	
58	数码相机	台		2	

注:铁路局集团公司应按照实际情况确定配置标准。

表 1-5　桥隧检测小组作业器机具装备参考标准

序号	器机具名称	单位	数量	备注
一、检测设备				
1	高精度电子水准仪	台	1	
2	全站仪	台	1	
3	动态挠度仪	台	2	
4	手持式测速仪	台	2	
5	数显式混凝土回弹仪	台	2	
6	钢筋探测仪	台	1	
7	碳化深度仪	台	2	
8	混凝土拉拔仪	台	5	
9	裂缝自动成像测试仪	台	1	
10	手持式激光测距仪	台	2	
11	桥梁振动测试仪	台	2	
12	拾振仪	个	20	
13	数字高倍望远镜	台	2	
14	内燃式发电机	台	1	现场测试供电
二、通信设备				
15	手持式无线对讲机	部	5	
三、办公设备				
16	台式电脑	台	3	
17	笔记本电脑	台	3	
18	打印机	台	1	
19	单反数码相机	台	2	

注：铁路局集团公司应按照实际情况确定配置标准。

◉ 学习任务四　运营隧道重点检查

一、运营隧道检查内容

1. 衬砌检查

随着时间的流逝,运营隧道的冷缝等现象容易增多,直接造成衬砌渗漏水,因此需要进行相应的检查。隧道衬砌的检查可使用分格检查法,发现衬砌腐蚀、

PPT

运营隧道
重点检查

裂缝或变形时,应安设测标,定期观测。还应对衬砌厚度、背后空洞、冷缝、防水板切割二衬、仰拱、铺底等进行检查。

2. 漏水检查

隧道内的漏水涌水时,应查明水源,并在每年流量最大的月份和地点,测量水的流量和水温(某些地区应在冬季最冷月份增测水温),必要时,需取样化验水质,了解其对衬砌是否有侵蚀作用。

3. 基底检查

隧道内基底沉陷、上拱、承轨台与作业通道交界处,中心水沟,伸缩缝等部位的缝隙、变形、错台等。

4. 洞口检查

隧道洞口边仰坡有无崩塌落石、滑坡;偏压隧道或明洞是否有山体滑坡和衬砌有无变性裂缝等;明洞洞顶填土厚度是否符合要求。

5. 其他检查

按规定设置机械通风的运营隧道及通风不良的隧道,铁路局集团公司应组织工务、卫生等有关部门,每年进行一次抽取空气试验,测定有害气体浓度,找出最大浓度及将至容许浓度的时间,必要时应进行通风试验,同时测定自然风和活塞风的情况。

应检查隧道内排水设施,出入口的天沟、吊沟、截水沟及隧道洞顶防排水,泄水洞淤泥,衬砌掉块等情况。

应检查由工务管理的隧道防护门连接是否牢固、锈蚀,结构是否变形失效。

二、隧道病害检查的重点

隧道检查的重点主要是洞顶、洞口及洞身三个部分。

(一)洞顶检查的重点

(1)地面排水系统是否完好,有无水漫沟槽,预估堵塞及铺砌破损、渗漏、冲刷等现象。

(2)山体自然坡面及植被有无严重破坏,有无常年积水或季节性积水的地形、地物。

隧道检测
结果评定

(3)隧道纵轴线山坡地面有无滑坡、裂缝或陷穴。

(4)泥石流有无漫槽。

(5)支挡防护建筑物有无损坏或变化。

(6)竖井、斜井等辅助坑道有无沉陷、损坏及地表水灌入。

(7)明洞顶覆盖土层有无异状,排水设备是否完好,外侧地面有无变化,山体有无滑坡。

(8)洞顶山坡有无威胁隧道和铁路线路安全的坍塌落石。

(二)洞口检查的重点

(1)洞口顶上的仰坡及两侧路堑有无开裂、冲刷、坍塌、危石、沉陷、风化剥落及排水不良等病害。

(2)洞口排水设备是否完好,排水是否畅通,有无淤积堵塞、漫槽或铺砌损坏,与洞内和路基排水系统是否配套构成完整的排水体系。

(3)洞口墙与翼墙等支挡防护设备有无开裂、下沉、倾斜、腐蚀剥落等变形损坏或漏水流浆。

(三)洞身检查的重点

(1)衬砌有无裂缝、错台、剥落、掉块、下沉、隆起、凸出或倾斜。

(2)洞内有无渗、滴、漏、涌等水害。

(3)洞内有无挂冰侵限、冰锥侵限、冰胀裂损或春融翻浆等;混凝土有无水蚀、烟蚀、冰蚀、蜂窝和骨料酥解;砌石有无松动、风化或勾缝脱落等。

(4)防水层是否完好,有无损裂、脱落和失效。

(5)排水设备(侧沟、中心水沟、泄水槽、暗沟、暗槽和排水孔等)有无淤塞、水漫沟槽、冰塞或破损失效。

(6)工作缝、沉降缝、伸缩缝或明洞与隧道衬砌接缝的填筑材料是否失效,有无漏水现象。

(7)辅助坑道有无坍塌、堵塞、积水,对正洞有无影响;封口有无损坏。

(8)隧道限界有无变化;无衬砌隧道有无危石。

(9)洞内各种标志是否清晰完好,检查设备是否完善,有无失修等。

三、检测结果评定

桥隧设备通过各项检查,掌握其实际工作状态后,还需进一步进行科学的分析判断,以便采取有针对性的整修加固措施。目前,对运营桥隧状态的评估方法,主要有以下几种。

(一)状态劣化评定

桥隧在运营过程中,承受荷载的作用和环境的侵害,必然会引起结构功能的变化,造成对行车安全的影响,也即桥隧状态的劣化。由于荷载作用和环境侵害的程度不同,影响结构功能和行车安全的程度也不相同,因此桥隧的劣化程度也是不同的。

工务段每年应结合秋季设备大检查对隧道进行一次状态评定。状态评定按劣化程度分为A、B、C三级,A级又分为AA、A1两等,评定标准见表1-6。

表1-6 隧道劣化等级评定标准

1. 隧道衬砌裂损及渗漏劣化(处/米)

类型 等级	(1)衬砌变形或移动	(2)衬砌开裂、错动	(3)衬砌压溃	(4)衬砌渗漏水
AA	山体滑动使衬砌移动、变形,下沉发展迅速,危及行车安全	开裂错台长度 $L>10$ m,宽度 $\delta>5$ mm,且继续发展或拱部开裂呈块状,危及行车安全	拱顶压溃范围 $S>3$ m² 或衬砌掉块最大厚度大于衬砌厚度的1/4,危及行车安全	水(沙)突然涌入隧道、淹没钢轨,危及行车安全;电力牵引区段、拱部漏水直接传至接触网
A1	变形或移动速率 $V>10$ mm/a	开裂、错台长度 10 m$>L\geq5$ m,宽度 $\delta>5$ mm;②开裂、错台,错台使衬砌呈块状,且有发展	压溃范围 3 m²$>S\geq1$ m² 或有可能掉块	隧底冒水、拱部滴水成线,严寒地区边墙滴水、翻浆冒泥严重,道床下沉,不能保持轨道几何尺寸,影响正常运行
B	变形或移动速率 $V\geq3$ mm/a,且有新的变形出现	开裂、错台长度 $L<5$ m,且宽度 5 mm$\geq\delta\geq3$ mm	压溃范围 $S<1$ m²,剥落块体厚度小于 3 cm	隧道滴水、滴水,渗水及排水不良引起洞内局部道床翻浆冒泥
C	有变形,但速率 $V<3$ mm/a	开裂、错台长度 $L<5$ m,且宽度 $\delta<3$ mm;一般龟裂或无发展状态	压溃范围很小	漏水使基床状态恶化、钢轨腐蚀,养护周期缩短,继续发展将会升至B级

续表

2. 隧道冻害、衬砌腐蚀劣化（处/米）

类型等级	(1)隧道冻害	(2)混凝土衬砌厚度不足	(3)混凝土衬砌强度不足	(4)砌块衬砌腐蚀
AA	①冰溜、冰柱、冰锥等不断发展，侵入限界，危及行车安全；②接触网及电力、通信、信号架线上挂冰，危及行车安全和洞内作业人员安全；③道床结冰（丘状冰锥），覆盖轨面，严重影响行车	因施工缺陷或腐蚀致使衬砌有效厚度 $h_i/h<0.60$，且长度≥5 m	因施工缺陷或腐蚀致使衬砌混凝土强度 $q_i/q<0.65$，且长度≥5 m	拱部衬砌有可能掉落大块体（与砌块体大小一样）
A1	冰楔和围岩冻胀的反复作用使衬砌变形、开裂，并构成纵横交错的裂缝	①衬砌有效厚度 $0.60≤h_i/h<0.75$，且长度<5 m；②衬砌有效厚度 $0.60≤h_i/h<0.75$，且长度≥5 m	①衬砌混凝土强度 $q_i/q<0.65$，且长度<5 m；②衬砌混凝土强度 $0.65≤q_i/q<0.75$，且长度≥5 m	①接缝开裂，其深度≥10 cm；②砌块错落大于1 cm，剥蚀深度>4 cm
B	①冻害致使洞内排水设备破坏；②冻融使道床翻浆冒泥、轨道几何状态恶化；③冻害造成衬砌变形、开裂，但未形成纵横交错裂缝	①衬砌有效厚度 $0.60≤h_i/h<0.75$，且长度<5 m；②衬砌有效厚度 $0.75≤h_i/h<0.90$，且长度≥5 m	①衬砌混凝土强度 $0.65≤q_i/q<0.75$，且长度<5 m；②衬砌混凝土强度 $0.75≤q_i/q<0.85$，且长度≥5 m	①接缝开裂，但深度<10 cm；②砌块有剥蚀，但剥蚀深度<4 cm
C	冻融使线路的养护周期缩短	①衬砌有效厚度 $0.75≤h_i/h<0.90$，且长度<5 m；②衬砌有效厚度 $1>h_i/h≥0.9$；③衬砌有剥蚀	①衬砌混凝土强度 $0.75≤q_i/q<0.85$，且长度<5 m；②衬砌混凝土强度 $1>q_i/q≥0.85$	①接缝开裂，但深度不大；②砌块有风化剥落

注：q_i——检测断面衬砌混凝土测点的平均强度；q——设计衬砌混凝土强度；h_i——检测衬砌混凝土存在内部缺陷时，检测衬砌厚度减去内部缺陷削弱的部分厚度；h——设计有效衬砌厚度，即将检测衬砌厚度，当衬砌混凝土存在内部缺陷时，检测衬砌厚度应换算为有效衬砌厚度；长度指沿隧道纵向连续长度。

续表

3. 隧道限界、通风、照明设施劣化

类型等级	(1)限界不足（座）	(2)通风不良（座）	(3)照明不良（座）
A1	实际限界不能满足最大级超限货物的装载限界加100 mm的要求（曲线时按规定加宽）	①有害气体浓度超过容许值且未设通风机械；②通风机械不能使用	①未按规定设置照明；②照明设备不能使用
B	实际限界尚能满足上述要求（曲线时按规定加宽）	通风机械不能正常使用	照明设备不能正常使用

4. 隧道仰坡、洞底及排水设施劣化

类型等级	(1)整体道床损坏（米）	(2)仰拱及铺底损坏（处/米）	(3)排水设施（处/米）	(4)坍方落石（处/米）
AA	整体道床严重变形损坏，危及行车安全			
A1	整体道床开裂、变形，影响路稳定	仰拱变形损坏及铺底损坏影响线路稳定等	①未按规定设置隧道内外排水设施；②隧道内外排水设施严重损坏，造成隧道内漏水或影响道床稳定	洞口仰坡坍方落石
B			隧道内外排水设施损坏	洞口仰坡有危石未处理

（1）凡结构物或主要构件功能严重劣化,危及行车安全的,评定为 A 级 AA 等;

（2）凡结构物或主要构件功能严重劣化,进一步发展会危及行车安全的,评定为 A 级 A1 等;

（3）凡结构物或构件功能劣化,进一步发展将会升为 A 级的,评定为 B 级;

（4）凡结构物或构件功能劣化,但对其使用功能和行车安全影响较小的,评定为 C 级。

结构物或构件状态评定为 A 级者,其病害一般需要通过大修或者更新改造进行整治;当结构物存在影响行车安全的病害时,应采取相应的限速或者临时加固措施,并视具体情况尽快安排彻底整治,或者列入下一年的大修或更新改造计划,及时进行整治。

结构物或构件状态评定为 B 级者,其病害一般需要通过维修进行整治。

结构物或构件状态评定为 C 级者,其病害可通过维修进行整治,个别病害只需加强观测并根据其变化情况采取相应的措施。

（二）病害诊断及剩余寿命评估

桥隧在运用检修的寿命周期内,根据状态变化和健全度①衰退的程度,进行适时的修理,使其最大限度地恢复原有的功能。但随着时间的推移,其健全度必将逐步衰退甚至丧失,以至失去应有功能而报废。因此,在桥隧运用过程中,科学地诊断病害,有效地整治病害,对于在确保行车安全和适应运输发展前提下,充分发挥桥隧功能的潜力,最大限度地延长使用寿命,取得最佳的技术经济效益,具有十分重要的意义。

（三）状态评估专家系统

随着计算机技术的普及应用,人们运用专家知识和模拟专家行为进行计算机编程,解决了较为复杂的疑难问题,这就是所谓的专家系统,如桥梁损伤评估专家系统、隧道病害（变异）诊断专家系统和隧道整治专家系统等。若进一步完善后推广应用,将使桥隧状态评估更为简洁、准确。

四、技术文件保管

（1）凡属铁路固定资产的桥梁、隧道和涵洞均应备有登记簿,记载各主要病害及检查观测结果、设备改善情况及建筑物上发生的重要事件（如水害、冻害、撞击、火灾事故等）。登记簿由桥隧车间填写和保管。

（2）在桥隧建筑物技术图表和秋检报告中,主要记载桥隧建筑物的基本特征和技术状态,由工务段编制,运用信息化管理,文档资料分存工务段、铁路局集团公司和铁路总公司,并根据设备编号情况,实施修改技术图表和桥隧状态评定资料每年逐级上报一次。为便于查阅和适用,工务段可将桥隧设备基本的技术特征编制成概况表,分存于工务段、桥隧车间和检查工区。

---

① 指结构物完成其特定功能的健康安全程度。

（3）桥隧建筑物应建立专门的卷宗，汇集该建筑物的历史、设计、施工、鉴定、水害、撞击、火灾等有关图纸、照片、文件等技术资料，由工务段和铁路局集团公司保管。

（4）新建桥隧建筑物及改建或大修改变主体结构的既有桥隧建筑物竣工文件，应交工务段及铁路局集团公司，技术归档。

技能训练

1. 简述隧道按照长度分类的标准。

2. 简述桥隧养护内容。

3. 隧道有哪些建筑物？

4. 隧道检测工作包含哪些内容？

5. 运营隧道检查的内容有哪些？

附件 1-1　桥隧建筑物保养质量评定标准

项目	保养标准	扣分条件	单位	扣分
1. 明桥面护轨	1-1　护轨与基本轨间距离符合规定、顶面不应高出基本轨 5 mm，也不低于基本轨 25 mm	超过规定允许误差	处	10
	1-2　轨底悬空大于 5 mm 处所不超过 15%，并不得连五出现	护轨底、垫板、桥枕间悬空大于 5 mm处所超过 15%或连五出现	处	5
	1-3　梭头各部完好，联结牢固，尖端悬处桥枕不大于 5 mm	联结松动或间断底部悬出桥枕大于 5 mm	个	5
	1-4　护轨垫板设置符合规定，厚度大于 30 mm 处所不得超过 15%	护轨垫板设置不符合规定或厚度大于 30 mm 处所超过 15%	块	5
	1-5　回归道钉或扣件齐全，浮离 2 mm 及以上不得超过 15%，并不得连五出现	护轨道钉或扣件缺少、断头或浮离 2 mm 及以上超过 15%或连五出现	个	5
2. 桥枕	2-1　腐朽部分或垫板切入深度在 3 mm 及以上处所不超过 15%	表层腐朽或垫板切入深度在 3 mm 及以上未削平、未挖补处所超过 15%	根	5
	2-2　桥枕顶面 2 mm 及以上裂缝漏灌不超过 15%	桥枕顶面裂缝宽度大于 2 mm，漏灌处所超过 15%	根	5
	2-3　桥枕端部裂缝宽大于 3 mm 应做防裂处理	未处理或处理失效处所超过 15%	根	5
	2-4　桥枕无连二失效或接头四根中无单根失效，净距符合标准	有连二失效或接头四根中有单根失效或桥枕净距超过 180 mm	处	10
	2-5　桥头双枕完好，联结牢固	桥头双枕腐朽，联结松动	根	5
	2-6　时速 120 km 及以上区段的桥枕无隔一或连二失效	有隔一或连二失效	处	10
3. 护木及道心步行板	3-1　护木腐朽或垫圈切入深度在 3 mm 及以上处所不得超过 15%	腐朽或垫圈切入深度在 3 mm 及以上未削平、未挖补处所超过 15%	处	5
	3-2　顶面宽 2 mm 以上裂缝漏灌处所不得超过 15%	护木顶裂缝宽度大于 2 mm，漏灌处所超过 15%	处	5
	3-3　道心步行板无缺少，无翘头，无失效	步行板缺少、翘头、失效	块	5

项目	保养标准	扣分条件	单位	扣分
4.各种螺栓	4-1　钩螺栓无连三及以上失效	有连三及以上失效	个	10
	4-2　钩头、护木螺栓顶面不超过基本轨面 20 mm	钩头、护木螺栓顶面高度超过基本轨面 20 mm	个	10
	4-3　护轨夹板螺栓安装符合规定	安装不正确或缺少	个	10
	4-4　各种螺栓齐全,无折断,无松动,无锈蚀	各种螺栓缺少、折断、松动	个	5
		各种螺栓锈蚀超过10%	个	5
	4-5　行车时速 120 km 及以上区段的桥面螺栓不得有缺少或连二失效	有缺少或连二失效	个	10
5.钢梁	5-1　涂层无大于 25 cm² 的局部锈蚀	局部锈蚀大于 25 cm²	处	5
	5-2　高强度螺栓和铆钉无松动	高强度螺栓及铆钉松动、缺少	个	5
	5-3　腻缝无开裂、流锈	腻缝开裂、脱落、流锈	处	5
	5-4　梁体各部清洁	梁体有灰渣、尘土堆积	m	5
6.圬工梁拱及墩台	6-1　梁拱及墩台裂缝修补完好	修补脱落延长 0.5 m 以上	处	5
	6-2　梁端伸缩缝挡砟板完好,缝内无石砟、杂物	梁端伸缩缝缺少挡砟板,缝内有石砟、杂物,影响梁体伸缩	处	10
	6-3　排水管通畅	排水管失效	个	5
	6-4　表面无缺损、露筋	掉块露筋	处	5
7.支座	7-1　支座排水良好、无翻浆、流锈	支座积水、翻浆、流锈	个	5
	7-2　支座清洁、润滑良好	支座不洁,活动部分未涂固体油或石墨	个	5
	7-3　支座螺帽无缺少、松动,螺栓无折断	支座螺帽缺少、松动,螺栓折断	个	5
	7-4　上下座板与梁体及支承垫石间密贴	不密贴,用 1 mm 塞尺插入深度超过 50 mm	个	10
	7-5　限位装置齐全有效	限位装置缺失、失效	个	10
8.隧道	8-1　隧道排水沟畅通,盖板完好	排水沟有杂草、淤泥、碎石影响排水	m	5
		排水沟盖板缺少、损坏	块	5
	8-2　洞内煤尘无堆积	煤尘堆积	m	5
	8-3　洞内积冰无侵限	积冰侵限	处	10

续表

项目		保养标准	扣分条件	单位	扣分
9.涵洞	9-1	涵洞内淤积轻微,不影响排洪	涵洞内淤积,影响排洪	座	10
	9-2	涵洞内管节接缝完好	接缝脱落	处	5
			漏土	处	10
	9-3	混凝土表面无缺损	剥落掉块,致使露筋	处	5
10.限高防护架	10-1	结构完整,连接安全、可靠	结构不完整,连接不安全、不可靠	处	10
	10-2	涂装无大于25 cm²的局部锈蚀	局部锈蚀大于25 cm²	处	5
11.其他	11-1	河道排水通畅	桥涵上下游规定范围内泥石淤积,影响排洪	座	10
	11-2	防护砌体状态完好	局部损坏,影响设备稳定	处	10
			勾缝脱落	处	5
	11-3	防火设备齐全	防火设备缺少	处	5
	11-4	作业通道栏杆、步行板、安全检查设备完好	栏杆、步行板、安全检查设备严重失修,连接不牢固,危及人身和行车安全	处	10
			涂装失效,步行板状态不良	处	5
	11-5	抗震设施完好	失修损坏	处	5
	11-6	各种标志齐全、完好、清晰	桥隧标、水位标、桥枕、油漆大修年度标志、病害观测标等缺少、破坏、不清晰	处	5

注:①项目超过允许百分数扣分时,包括百分数在内;

②护木腐朽1 m长为1处;

③作业通道栏杆10 m长为1处,托架每个为1处;

④桥枕、护木、明桥面护轨悬空、各种螺栓缺陷等均以孔或一个墩台范围计量。

附件 1 - 2　桥隧建筑物修理作业验收标准

分类	工作项目	质量标准	附注
一、整修更换钢梁明桥面	1.线桥偏心	符合线桥偏心允许值	
	2.上拱度	跨中上拱度值与设计值误差不超过±3 mm,轨面平顺,并应与钢梁两端线路的衔接平顺	
	3.制作、修理桥枕	(1)树心向下,槽口平整,槽深不大于 30 mm,与上盖板顶面缝隙小于 1 mm,与钢梁翼缘间隙每边不大于 4 mm; (2)镶垫木板尺寸符合规定,联结牢固,缝隙不大于 2 mm; (3)螺栓孔位置正确,垂直误差不超过 4 mm; (4)顶面 2 mm 以上裂缝漏灌处所不超过 5%; (5)新面防腐油涂刷均匀,漏涂、流淌不超过 3%; (6)端头 2 mm 以上裂缝未作防裂处理头数不超过 3%; (7)表面腐朽(或垫板切入)深度达 3 mm 以上,未处理处所不超过 5%; (8)钢轨接头处 4 根木桥枕(支接时为 5 根)中无一根或其他部位无连续 2 根及以上的失效,行车速度大于 120 km/h 区段钢梁明桥面无隔一或连二失效桥枕	以根计 以根计 以根计 以根计
	4.更换铺设桥枕	(1)材质、规格尺寸符合标准; (2)桥枕与钢梁中心线垂直,并一头找齐; (3)桥枕底与钢梁联结系杆件(含钉栓)间隙大于 3 mm,与横梁间隙大于 15 mm; (4)横梁段桥枕无松动,与钢轨底间隙不小于 5 mm; (5)钩、护螺栓顺直,中心左右偏差不超过 7 mm	
	5.更换护木	(1)材质、制作铺设符合规定,三面刨光并做防腐、灌缝、防裂处理,螺栓孔眼目视正直; (2)与桥枕间缝隙大于 2 mm 的槽口不超过 10%; (3)梁端断开,两孔护木左右错牙小于 10 mm,护木接头连接牢固,缝隙不大于 2 mm	
	6.更换、整修明桥面护轨	(1)符合桥面布置图规定; (2)轨底悬空大于 5 mm 处所不超过 8%; (3)梭头各部联结牢固,尖端悬空小于 5 mm; (4)接头靠基本轨一侧左右错牙不大于 5 mm; (5)护轨道钉或扣件齐全完好,浮离 2 mm 及以上不超过 5%	

分类	工作项目	质量标准	附注
一、整修更换钢梁明桥面	7. 修整及安装各种螺栓	(1)螺杆、螺帽及垫圈除锈彻底,沾油厚度适宜或经镀锌处理; (2)螺杆顶部不高出基本轨 20 mm,且无不满帽现象; (3)螺栓拧紧后扭矩达到要求,不足者不超过 5%; (4)各种垫圈符合标准,无缺少,歪斜损坏或多层垫圈(作业通道支架除外)不超过 5%; (5)钩螺栓钩头位置正确,有 2/3 钩头面积与钢梁钩紧,如遇到铆钉允许钩头偏斜,螺杆与钢梁翼缘间隙大于 4 mm 者不超过 5%; (6)行车速度大于 120 km/h 区段钩(护木)螺栓无缺少和连二失效; (7)自动闭塞区间,钩螺栓铁垫圈与钢轨垫板间必须有 15 mm 以上的间隙	
	8. 更换安装防爬角钢	安装位置符合规定,与盖板及桥枕间联结牢固,缝隙小于 1 mm	
	9. 上盖板涂装	符合上盖板喷涂标准	
	10. 更换作业通道、步行板及栏杆	(1)各部尺寸符合设计要求,钢支架的铆接、栓接、焊接及涂装质量符合有关规定; (2)步行板四角平整,联结牢固,钢筋混凝土板平整、无裂、无损,边缝填塞饱满,钢制、橡胶步板等应与作业通道托架有防止移动、脱落的扣系; (3)步行板铺设平直,边缘成一直线,钢步板无锈蚀; (4)栏杆平直,联结牢固,无扭曲,10 m 弦矢度小于 20 mm; (5)梁端断开,活动短处能与梁体共同移动	栓钉、焊接、涂装质量同钢结构;钢筋混凝土板质量同钢筋混凝土结构
二、整修加固隧道	1. 整修隧道	(1)整治漏水后无滴水; (2)煤灰清扫无堆积; (3)排水沟无渗漏、积水,盖板齐全、有效,局部淤积但不影响排水; (4)圬工裂损修补符合圬工修补要求; (5)通风照明设施整修完好、使用正常	

分类	工作项目	质量标准	附注
二、整修加固隧道	2.加固更换模注混凝土衬砌	(1)限界及各部尺寸与设计相符,向内无偏差; (2)圬工质量符合标准; (3)墙顶封口处与拱脚底面结合无浮碴,并用同等级较干的砂浆捣实,结合平整	
	3.锚喷混凝土(或钢筋混凝土)衬砌	(1)混凝土配合比和添加剂掺量符合要求; (2)受喷面无浮碴,并经高压风、水清洗; (3)试块的抗压强度等级平均值不低于C25,任意一组试验抗压强度平均值最低不得低于设计等级的85%; (4)喷射厚度所有检查断面上全部检查空出喷射混凝土的厚度不小于6 cm,素喷最小厚度不小于4 cm; (5)喷射混凝土与围岩或受喷面应紧密黏结,锤敲击无空声(或仪器检测黏结紧密); (6)锚杆材质、尺寸、间距和锚固力符合设计要求; (7)钢筋网与受喷面的空隙应不小于3 cm; (8)无裂缝、露筋,非寒冷和严寒地区有个别面积漏水	(1)检查施工记录; (2)观察、检查; (3)隧道每30延米取一组试块,检查试验报告单; (4)凿孔测量厚度单线每30延米、双线每20延米至少检查一个断面,检查锚固力试验报告,每300根至少抽取3根试验,检查隐蔽记录
	4.翻修整体道床	(1)道床基底无风化、虚渣软土、杂物和地下水等,钢筋布置和道床混凝土强度符合设计要求;道床混凝土与支承垫块联结牢固,无松动,混凝土无裂缝、蜂窝、露石;道床顶面平整,排水坡流向正确,道床面标高误差不超过设计±10 mm,表面整洁无脏物。 (2)整体道床与弹性道床之间的过渡段,其平面布置、结构尺寸符合设计要求。 (3)伸缩缝设置数量和位置符合要求	

附件 1-3　桥隧检查计划表　　　　　　　　　　　（工桥-2）

顺号	线名	行别	中心里程	桥隧号	设备类别	计划检查日期	检查人	备注

注：此表为桥隧检查工区、车间主任（副主任、技术员）经常检查的检查计划，经工务段批准后执行。

附件 1－4　桥隧检查结果汇总表

（工桥－4）

工务段　　　　　桥隧车间　　　　　桥隧检查工区

序号	线名	行别	中心里程	桥隧号	设备类型	孔号	检查日期	检查人	检查情况						处理措施	计划数量	单位	计划月份	完成日期	紧急处理日期	紧急处理责任人	紧急处理后复查情况	备注
									项目	病害结果	病害	单位	数量	病害描述									

注：此表由桥隧检查工区根据检查、复查情况汇总填报。

工务段：

附件1-5　桥隧状态评定明细表

填报日期：　　　　　　　　　　　　　　　　　　　　　　　　　　　（工桥-6）

线名	中心里程	桥（隧）或涵渠号	全长	孔跨式样	劣化项目	劣化等级	劣化内容	孔别	单位	数量

注：①本表只填写已劣化桥隧建筑区，可填多座设备；
　　②按线别里程顺序填写；
　　③病害在附注中难以用文字说明的须另附详图或照片。

学习情境 2

隧道水害及整治

教学目标

知识目标

1.了解隧道防水设计的内容；

2.掌握隧道防水方案；

3.熟悉隧道水害的类型及成因。

技能目标

1.具备分析隧道水害类型及成因的能力；

2.具备选定隧道水害防治方法的能力。

素质目标

1.养成认真负责的工作态度；

2.具有吃苦奉献的精神。

任务导入

某铁路隧道建成于1959年,隧道通过的基本岩层为白云质石灰岩,岩石节理发育充分。在施工过程中曾出现拱顶及边墙大量渗水现象。经过多年运营,隧道漏水日趋严重,2004年边墙结冰侵入限界影响列车正常通行,距入口162 m处拱顶出水成股射流至接触网线,造成接触网跳闸事故,影响接触网正常供电。试分析该隧道漏水原因和处置方案。

任务实施

隧道和地下工程处于岩土层中,修建后成为所穿过山体附近地下水集聚的通道。若隧道穿过或靠近含水地层,时刻受地下水的渗透作用,如衬砌的防水及排水设施不完善,地下水就会侵入隧道,发生隧道渗漏水病害。水害是运营隧道的主要病害之一,特别是越岭隧道,一般水量较大,危害也甚。如京广线大瑶山隧道、南岭隧道,襄渝线大巴山隧道,贵昆线梅花山隧道,浑白线枫叶岭隧道,京原线驿马岭隧道等,在施工期间及交付运营后,都曾发生过严重水害。

本情境主要讨论隧道水害成因,防水设计,衬砌自防水、附加防水层和注浆等防水技术,隧道排水,盾构、顶管和沉管等特殊隧道施工法的结构防水,以及隧道渗漏的整治。

▶ 学习任务一　　隧道漏水分类及成因

隧道水害是指在隧道修建和运营过程遇到水的干扰和危害,是最常见的隧道病害。

一、隧道水害的种类及危害

隧道水害主要指运营隧道水害,即围岩的地下水和地表水直接或间接地以渗漏或涌出的形式进入隧道内造成的危害。

(一)隧道渗漏水和涌水

1. 概念与类型

隧道衬砌的水害现象一般表现为渗、滴、淌、涌四种,见图 2-1。"渗"是指地下水从衬砌外向内湿润,使衬砌内出现面积大小不等的润湿,但水仍附着在衬砌的内表面;"滴"是指水滴间断地脱离衬砌落入隧底,有时连续出水,即滴水成线;"淌"是指漏水连续顺着边墙内侧流淌而下;"涌"是指有一定压力的水外冒。按其发生的部位和流量区分,拱部有渗水、滴水、漏水成线和成股射流四种;边墙有渗水、淌水两种;少数隧道有隧道涌水病害。水害程度受漏水、涌水规模以及隧道结构、牵引类型、地质条件等影响。

图 2-1　隧道漏水现象

隧道渗漏按水源补给情况,又分为地下水补给和地表水补给两种。地下水补给由稳定的地下水源补给,其流量四季变化不大;地表水补给的流量随地表水季节性变化而变化。同一渗漏

（右上角二维码旁）

PPT

隧道漏水
分类及成因

微课

隧道水害类型

水处所也可能同时有两种补给水源。

2. 隧道渗漏水的影响与危害

隧道渗漏水对隧道稳定、洞内设施、行车安全、地面建筑和隧道周围水环境都会产生诸多不良影响甚至威胁。

运营中的隧道，渗漏水会促使混凝土衬砌风化、剥蚀，造成衬砌结构破坏；渗漏水还会软化围岩，引起围岩变形；有些隧道渗水中含有侵蚀性介质，造成一般的衬砌混凝土和砌筑砂浆腐蚀损坏，降低衬砌的承载能力；在寒冷和严寒地区，隧道漏水会造成边墙结冰、拱部挂冰，侵入隧道建筑限界，危及行车安全，还会造成衬砌冻胀裂损；在岩溶发育地区的隧道，有可能因大量涌水涌泥淹埋线路而中断运输。

渗漏水会加快内部设备（通信、照明、钢轨等）锈蚀，影响设备的正常使用，缩短线路设备的使用寿命，增加维修费用。

水害引发路基下沉、基底裂损、翻浆冒泥等病害，导致铁路线路轨距水平变形超限；冻胀引发洞内线路起伏不平，洞内漏水潮湿降低轮轨粘着度，均会影响行车安全；水害使电绝缘失效、短路、跳闸，影响安全运营，引发漏电伤人事故；少数隧道，暴雨后隧道铺底破损涌水，造成淹没轨道，冲空道床，影响行车安全。严重渗漏水会引发地面和地面建筑物的不均匀沉降和破坏。隧道渗漏造成地表水和含水层水大量流失，破坏周围水环境，造成环境灾害。

（二）衬砌周围积水

衬砌周围积水指运营隧道中地表水或地下水向隧道周围渗流汇集，如不能迅速排走，会引起的病害有：

①水压较大时导致衬砌破裂；

②围岩侵水软化，承载力降低，对衬砌压力加大，导致衬砌破裂；

③膨胀性围岩体积膨胀，导致衬砌破裂；

④寒冷地区引发冻胀病害。

（三）潜流冲刷

潜流冲刷指由地下水渗漏和流动而产生的冲刷和溶蚀作用，其危害有：

①衬砌基础下沉，边墙开裂或仰拱，整体道床下沉开裂；

②围岩滑移错动，导致衬砌变形开裂；

③超挖围岩回填不实或未全部回填者，引发围岩坍塌，导致衬砌破坏。

以上为运营隧道水害。隧道水害中另一类是施工中的隧道水害，主要是指施工过程中围岩的地下水或部分地表水，以渗漏或涌出方式进入隧道内造成的危害。施工隧道水害，轻则造成洞内空气潮湿，影响施工人员身体健康，锈蚀机械设备，使绝缘设备失效、电路短路、漏电伤人；

重则威胁人员安全,冲毁洞内机械设备,造成塌方,淹没工作面,中断施工,造成重大经济损失,危害环境(如大瑶山隧道因突水造成班古坳竖井淹没,丧失作用)。本书主要讨论运营隧道水害。

二、水的来源与分析

水的可能来源见表 2-1。

表 2-1 水的可能来源

自然的	人为的
含水层的储蓄水 含水层局部聚集水 地层中流水 断层、裂隙等构造水 溶洞 河流、湖泊、海	隧道施工用水 其他隧道 深孔或钻孔 煤矿、水库、渠道、管道 废弃工程、古代工程

细致分析水的可能来源非常重要。隧道水文地质报告应详细给出水压、渗透性、水质、水化学分析。在此基础上,可以采用最经济的防水解决方法——回避,也可以在设计中将隧道、竖井布置在天然不漏水的地层或非含水层,或者能经济地采取处理措施的地层。例如,有一座隧道位于地压很大的地层,但隧道设计在黏土地层中,不受外部水的影响,内向与外向均不漏水。

三、水害的成因

成因、机理分析是我们解决工程问题的基础。隧道水害的成因是,修建隧道,破坏了山体原始水系统平衡,隧道成为所穿过山体附近地下水集聚的通道,当隧道围岩与含水地层连通,而衬砌的防水及排水设施、方法不完善时,隧道就会发生水害。隧道水害可以归结为客观和主观两方面原因。

微课

隧道水害成因

(一)隧道穿过含水的地层

(1)砂类土和漂卵石类土含水地层;

(2)节理、裂隙发育,含裂隙水的岩层;

(3)石灰岩、白云岩等可溶性地层,当有充水的溶槽、溶洞或暗河等与隧道相连通时;

(4)浅埋隧道地段,地表水可沿覆盖层的裂隙、孔洞渗透到隧道内。

(二)隧道衬砌防水及排水设施不完善

(1)原建隧道衬砌防水、排水设施不全;

(2)混凝土衬砌施工质量差,蜂窝、孔隙、裂缝多,自身防水能力差;

（3）防水层（内贴式、外贴式或中间夹层）施工质量不良或材料耐久性差，经使用数年后失效；

（4）混凝土的工作缝、伸缩缝、沉降缝未做防水处理；

（5）衬砌变形后，产生的裂缝渗透水；

（6）既有排水设施，如衬砌背后的暗沟、盲沟，无衬砌的辅助坑道、排水孔、暗槽等，年久失修阻塞。

（三）隧道受水害影响程度评价

在《普速铁路桥隧建筑物修理规则》中，从定性的角度将隧道衬砌渗漏水对隧道劣化等级分为 AA、A1、B、C 四级，如表 2 - 2 所示，可据此对隧道的水害影响进行观测与评定，为制订合理的治水方案提供依据。

表 2 - 2　隧道渗漏水劣化等级评定

等级	衬砌渗漏水
AA	水（沙）突然涌入隧道，淹没钢轨，危及行车安全；电力牵引区段，拱部漏水直接传至接触网
A1	隧底冒水、拱部滴水成线、严寒地区边墙淌水，翻浆冒泥严重，道床下沉，不能保持轨道几何尺寸，影响正常运行
B	隧道因滴水、淌水、渗水及排水不良引起洞内局部道床翻浆冒泥
C	漏水使基床状态恶化，钢轨腐蚀，养护周期缩短，继续发展将会升至 B 级

隧道建设是一个长期过程，分为勘测与设计、施工、验收等阶段，在每个阶段或材料供应等关键环节出问题，都可能引发隧道水害。例如，施工中经常出现的附加防水层接缝处理不好导致漏水，防水材料品质不过关导致防水失效，防水材料与基面粘接不良或不适应，等等。

▶ 学习任务二　隧道防水与设计

隧道防水与设计

隧道防水与设计

隧道防水要"防患于未然"，首先要从设计做起，在水文地质调查的基础上，从工程规划、结构设计、材料选择、施工工艺等方面进行合理设计。防水设计应考虑地表水、地下水、毛细管水等的作用，以及由于人为因素引起的附近水文地质改变的影响。防水设计要遵循隧道防水原则，定级准确、方案可靠、施工简便、经济合理。

隧道与地下工程防水设计内容包括：

(1)防水等级和防水方案；

(2)防水混凝土的抗渗等级和其他技术措施、质量保证措施；

(3)其他防水层选用的材料及其技术指标、质量保证措施；

(4)工程细部结构的防水措施,选用的材料及其技术指标、质量保证措施；

(5)工程的防排水系统,地面挡水、截水系统及工程各种洞口的防倒灌措施。

一、防水原则

隧道与地下工程防水原则在不断变化,这反映了防水观念和技术的进步,其提法较多,因与行业和工程结构的特点有关。

(一)国家标准

《地下工程防水技术规范》(GB 50108—2008)提出,地下工程的设计和施工应遵循"防、排、截、堵结合,刚柔并济,因地制宜,综合治理",同时强调必须符合环境保护的要求,并采取相应措施；应采用经过试验、检测和鉴定并经实践检验质量可靠的新材料,行之有效的新技术、新工艺。

(二)铁道行业

《铁路隧道防排水技术规范》(CECS 370:2014)提出,铁路隧道防排水应采取"防、排、截、堵结合,因地制宜,综合治理"的原则。

"防"是指隧道衬砌应具有一定的防水能力,防止地下水渗入。

"截"是指洞外和衬砌外侧采用工程措施,把流向隧道的水源拦截引航。如增设洞顶截水沟、防渗漏辅砌填补工程和修建截水泄水洞等。地表水应截流、汇集排出,防止积水下渗。隧道衬砌背后的地下水宜引排,减少衬砌的渗水压力和渗水量。

"堵"是指在隧道内对衬砌表面可见的渗漏处所封堵、归槽、引排。如衬砌圬工内压浆、喷浆、喷涂乳化沥青和抹面封闭等内贴式防水层。堵水应归槽,使地下水按预定路径排出。

"排"是指工程有自流水排水条件或可采用机械排水时,将地下水排出,为防水创造有利环境。

隧道内外应有完整的防排水设施,以保证结构和设备的正常使用,要求做到：拱部不滴水,边墙不淌水,安装设备之孔眼不渗水；道床排水通畅,不浸水；在有冻害地段的隧道,拱部和边墙基本不渗水,衬砌背后不积水。

二、防水设计的依据——水文地质勘测

水文地质勘测应分为施工前调查和施工后调查两个阶段。各阶段调查的内容、顺序、范围、精度等,应根据隧道所通过的地形、地貌、工程地质及水文地质等条件及其相关特点确定。勘测方法有调查、测绘、勘测和实验。防水设计前,应根据工程特点,搜集下列有关资料：

(1)最高水位的标高,出现的年代,近几年的实际水位标高和随季节变化的情况;

(2)地下水类型、补给水源、水质、流量、流向、渗透系数、压力;

(3)工程地质构造,岩层走向、倾角、节理及裂隙,含水地层及不透水地层的特性和分布情况,溶洞、陷穴及填土区和软地层情况;

(4)区域地形及水文资料:地形、地貌、天然水流、水库、水井、山谷、废弃坑井、洪水和给水排水系统资料;

(5)历年气温变化情况、降水量、蒸发量及地层冻结深度;

(6)地震、地热及含瓦斯等有害物质资料;

(7)施工技术水平和材料来源。

隧道钻深深度应达到隧底高程以下 3~5 m,若遇暗河、溶洞等不良地质条件,还应适当加深。地下水应做简易水文地质观测,取水样化验,抽水试验,测定地下水流向、流速和进行地下水动态观测。

三、地下工程的防水等级

(一)防水等级

地下工程的防水等级分为四级,各级的标准应符合表 2-3 的规定。地下水工程的防水等级,应根据工程的重要性和使用中对防水的要求按表 2-4 选定。

一般来讲,电气化铁路隧道、寒冷地区铁路隧道、地铁运行区间隧道和城市公路隧道应按二级防水等级设计;非电气化铁路隧道、一般公路隧道和水下隧道应按三级防水等级设计;取水隧道和污水排放隧道、人防疏散干道和涵洞应按四级防水等级设计。

表 2-3　地下工程防水等级标准

防水等级	标准
一级	不允许渗水,机构表面无湿渍
二级	不允许渗水,可以有少量湿渍 工业与民用建筑:总湿渍面积不应大于防水面积(包括顶板、墙面、地面)的 1/1 000;任意 100 m² 防水面积上的湿渍不超过 1 处,单个湿渍最大面积不大于 0.1 m² 其他地下工程:总湿渍面积不应大于防水面积的 6/1 000;任意 100 m² 防水面积上的湿渍不超过 4 处,单个湿渍的最大面积不大于 0.2 m²
三级	可以有少量漏水点,不得有线流和漏泥沙 任意 100 m² 防水面积上的漏水点数不超过 7 处,单个漏水点的最大漏水量不大于 2.5 L/d,单个湿渍的最大面积不大于 0.3 m²

续表

防水等级	标准
四级	可以有漏水点,不得有线流和漏泥沙 整个工程平均漏水量不大于 2.5 L/(m² · d),任意 100 m² 防水面积的平均漏水量不大于 4 L/(m² · d)

表 2 - 4　不同防水等级的使用范围

防水等级	适用范围
一级	人员长期停留的场所,因有少量的湿渍会使物质变质、失效的储物场所及严重影响设备正常运转和危及工程安全运营的部位,极重要的战备工程
二级	人员经常活动的场所,有少量湿渍的情况下不会使物品变质、失效的储物场所及基本不影响设备正常运转和工程安全运营的部位,重要的战备工程
三级	人员临时活动场所,一般战备工程
四级	对渗漏水无严格要求的工程

实际中,常使用以下隧道渗漏水分类术语。

(1)潮湿补丁:衬砌表面部分斑渍、潮湿痕迹;

(2)渗漏:隧道表面有可见的水薄膜移动;

(3)滴漏:隧道壁表面有可见水滴,但水滴在 1 min 内不滴落;

(4)滴水:水滴以至少 1 滴/min 的速度落下(1 L/d 即 3～4 滴/min);

(5)连续渗漏:细流水(一滴滴流水)或喷流水。

(二)渗漏水的测量

一座隧道中,总渗漏量计算方法可以有以下 4 种:①用一个已知面积的竖井储存槽水位的定时上升来计算;②用隧道中流满一池已知体积的水所需的时间来计算;③用一个横过隧道的溢水堰的 V 形凹槽来计算;④用泵水装置流量记录来计算。

局部漏水时渗漏量可以由预设的带有密封边缘和规定尺寸型号的方框来计算,将该方框密贴在需要测量的隧道表面,将渗漏水导入量筒。在标记的面积上,自由滴水和连续渗漏可直接收集测量。也可用简单的目测量来粗略估测渗流量。

四、防水方案

表 2 - 5 给出了地下工程的防水方案,可根据使用功能、结构形式、环境条件、施工方法及材料性能等因素合理确定。

　　另外,处于侵蚀性介质中的工程,应采取耐侵蚀的防水砂浆、混凝土、卷材或涂料等防水材料;结构刚度较差或承受振动作用的工程,应采用柔性防水卷材或涂料等防水方案;处于冻土层的工程,当采用混凝土结构时,其混凝土抗冻融循环不得小于100次。

　　铁路隧道电气化区段接触网支架、照明灯具支架等孔眼,应做防水处理;衬砌结构中的埋件宜预埋;洞内还应设置排水系统,洞顶进行地表水截堵工程。

表2-5　地下工程防水方案

工程部位		主体				内衬砌施工缝					内衬砌变形缝、诱导缝				
防水措施		复合式衬砌	离壁式衬砌、衬套	贴壁式衬砌	喷射混凝土	外贴式止水带	遇水膨胀止水条	防水嵌缝材料	中埋式止水带	外涂防水涂料	中埋式止水带	外贴式止水带	可卸式止水带	防水嵌缝材料	遇水膨胀止水条
防水等级	一级	应选1种			—	应选2种				应选	应选2种				
	二级	应选1种				应选1~2种				应选	应选1~2种				
	三级	—	应选1种			宜选1~2种				应选	宜选1种				
	四级	—	应选1种			宜选1种				应选	宜选1种				

　　隧道防水结构多采用塑料板防水层和防水混凝土,而且多寄希望于塑料板防水层,但在实际操作中,这并不现实。因为限于施工条件,塑料板的焊接工艺目前仍不过关,因此对重要的地下工程,除做好地下水限量引排外,对防水混凝土的"三缝"处理也要给予足够的重视。

　　对于承受高压水的隧道防水或防水要求较高的地下工程,应考虑多道防线、层层设防,首先是进行地层超前预注浆,充填裂(孔)隙,加固地层,增大地下水流动阻力;其次是喷射防水混凝土或在混凝土表面涂抹防水砂浆;再次是将剩余水量设盲沟引排,铺设塑料防水层,施作防水混凝土衬砌,在衬砌背后注浆充填空隙,对施工缝、变形缝进行处理,以形成多道防线,抵御高水压。

　　总之,隧道和地下水工程结构防排水是一项综合工程,要贯彻"防、排、截、堵相结合,刚柔并济,因地制宜,综合治理"的原则,才能取得良好的防水效果。

▶ 学习任务三　运营隧道的水害整治

　　对既有隧道漏水的防治原则,应在周密调查、弄清水源和既有衬砌防排水设备现状的基础上,根据隧道的具体情况,因地制宜地贯彻"防、截、排、堵结合"的原则进行整治,力求达到建立完善的隧道防排水系统、使用的材料安全而耐久、工艺先进、质量可靠、方便维修、经济合理的目的。

PPT

运营隧道的
水害整治

一、点渗漏治理

对点渗漏的处理,有表面封堵、浅孔注浆和埋管引排三种办法。表面封堵用于衬砌表面有渗漏痕迹、范围小或当前无渗漏的部位;浅孔注浆用于表面有湿渍或渗漏轻微流淌的部位;埋管引排则用于当前有明显渗漏,且渗漏量较大,出水点位于变形缝、施工缝或边墙上。

点渗漏、线渗漏治理

1. 表面封堵

1)材料

遇水膨胀腻子条,杜拉纤维防水砂浆。

2)施工工艺

①将待修补点表面凿毛,使修补处下陷 1 cm,并以出水孔为轴,凿直径 3 cm,深 2 cm 的锥形孔穴。

②用钢丝刷除去表面浮碴,并用水清洗干净。

③用遇水膨胀腻子条填充锥形孔穴。

④用杜拉纤维防水砂浆抹面。

⑤涂刷 2 遍 SW 混凝土密封胶(高剥离强度聚硫密封胶)。

2. 注浆堵漏(对集束流动的渗漏点)

1)材料

TZS-Ⅱ水溶性聚氨酯和无水丙酮,缠了麻绳的注浆管(管长 10 cm,内径 5 mm,外径7 mm)。

2)施工工艺

①在渗水孔位置将衬砌表面凿毛。

②用电钻钻眼,钻孔直径为 22 mm,孔深为 12～15 cm。

③用钢丝刷除去表面浮碴,并用水清洗钻孔。

④用快硬纤维防水砂浆固定注浆管。

⑤用手压泵灌 TZS-Ⅱ水溶性聚氨酯与丙酮的混合液。TZS-Ⅱ水溶性聚氨酯与无水丙酮的质量比为 5∶1,注浆压力为 0.6 MPa。注浆过程要缓慢进行,以使浆液充分挤入渗漏部位。

⑥注浆结束后用小木条将注浆管尾堵住,以免浆液外流,一周后将注浆管外露部分用气割枪割除,并用快硬防水砂浆抹平表面。

⑦涂刷 2 遍 SW 混凝土密封胶。

3)埋管引排

埋管引排的施工工艺与缝渗漏治理的暗埋 PVC 管的施工工艺基本一样,只是针对渗漏部位不同而已。

二、线漏水处理

1. 导水法

导水法是把衬砌施工缝及开裂处的漏水(沿漏水地点成线状的)通过不闭塞的水路导入排水沟的方法。导水法有在衬砌表面装平行管的导水法(导水管)和在漏水处修 V 形或 U 形沟槽,而后用管材或合成橡胶等整形材料进行导水的方法(沟槽法)。

1)导水管

导水管适用于漏水量较大、漏水沿施工缝及开裂处呈直线状发生、净空断面有富余时,把衬砌表面发生的漏水用导水管引入排水沟,是线状漏水处理中最常用的方法,如图 2-2 所示。

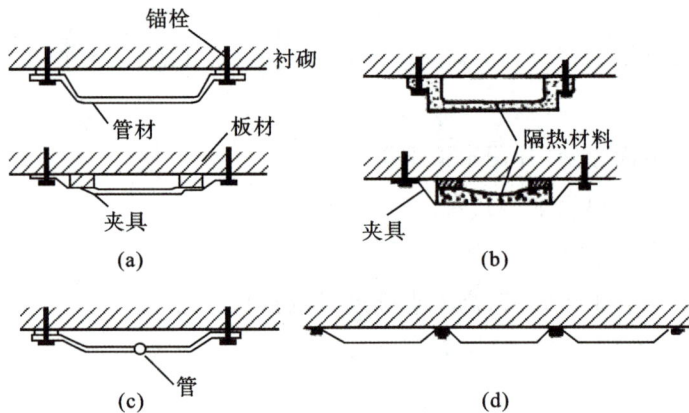

图 2-2 导水管

2)沟槽法

沟槽法适用于漏水量比较多、漏水沿施工缝和开裂处呈线状发生,但净空断面无富余时。在漏水处挖 V 形或 U 形沟槽,而后用管材或合成橡胶等材料进行导水,如图 2-3 所示。

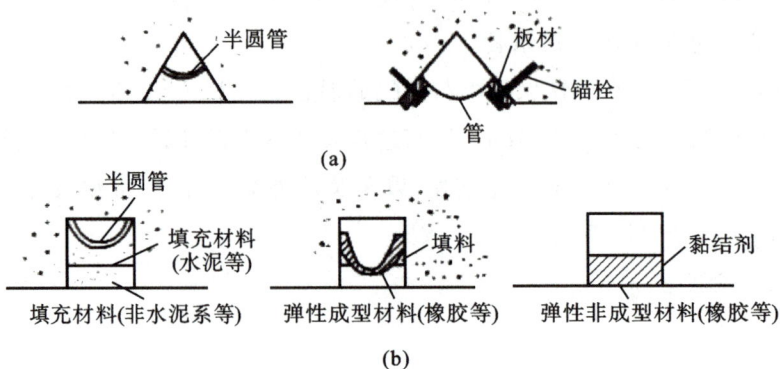

图 2-3 沟槽法

2. 止水法

1)用止水材料填充沟槽的方法

用止水材料填充沟槽的方法适用于漏水程度轻微(滴水)、沿着漏水发生的施工缝和开裂等线状止水而无有害影响时。具体方法是在漏水处挖沟槽,然后在沟槽处用速凝砂浆等非定型材料进行充填(图2-4)。

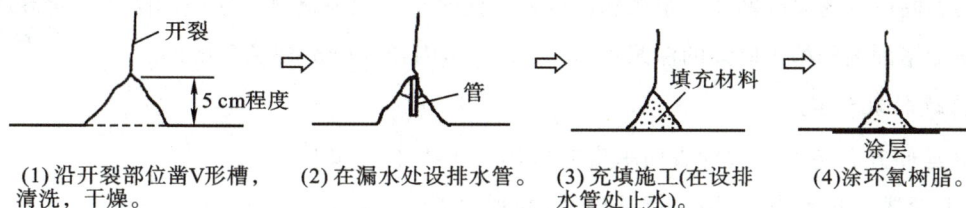

(1)沿开裂部位凿V形槽,清洗,干燥。　(2)在漏水处设排水管。　(3)充填施工(在设排水管处止水)。　(4)涂环氧树脂。

图2-4　V形沟槽止水法

采用此法可止住该处的漏水,但如漏水过多,则水会转向从附近的薄弱处漏出;另外,随着时间的推移,止水材料易剥离而降低止水效果。所以,此法只限于在漏水程度为轻微(滴水)、漏水范围有限的情况下采用。

2)开裂注浆止水法

开裂注浆止水法适用于漏水程度轻微(滴水)、沿漏水发生的开裂呈线状止水而无不良影响时。

采用注浆方法,要达到完全止水的目的是困难的。所以,与用止水材料填充沟槽的方法一样,注浆止水法原则上只适用于漏水量在滴水程度以下、漏水范围有限的情况。开裂注浆止水法如图2-5所示。

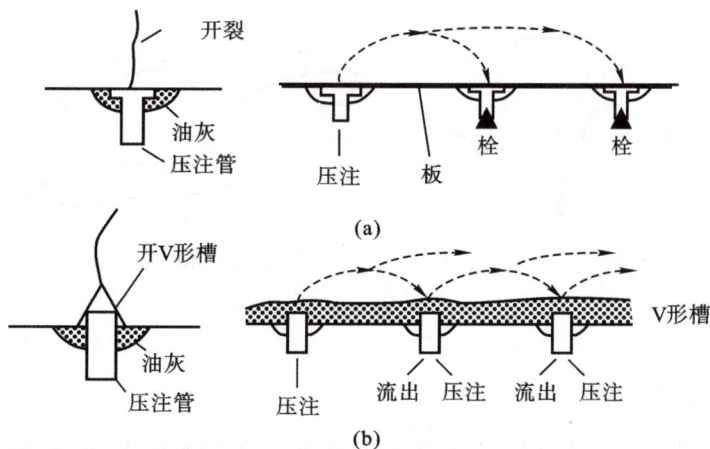

图2-5　开裂注浆止水法

三、缝渗漏治理

隧道的渗漏缝可分为施工缝、变形缝和衬砌受力后出现的乱向裂缝。

1. 化学注浆

化学注浆法用于治理渗漏水较严重,且宽度及延伸性较大的裂缝。根据钻孔方式的不同可分为骑缝钻孔注浆法和斜缝钻孔注浆法。注浆材料为 TZS-Ⅱ水溶性聚氨酯堵漏剂和缠了麻绳的注浆管(管长 10 cm,内径 5 mm,外径 7 mm)。

缝渗漏、面渗漏治理 微课

1)骑缝钻孔注浆

裂缝延伸方向基本与衬砌表面垂直时应用。施工工艺如下:

(1)沿缝凿毛衬砌表面,用水清洗干净,并观察裂缝走向;

(2)间隔 30～40 cm,用电钻沿缝钻眼,孔深 12～15 cm,孔径 22 mm;

(3)用水清洗钻孔后,用快硬防水砂浆固定注浆管,并抹压缝的表面;

(4)待防水砂浆有一定强度时,向钻孔注水清洗缝隙;

(5)用手压注浆泵灌注 TZS-Ⅱ水溶性聚氨酯与丙酮的混合液,注浆顺序为由下而上(针对拱部和墙部的竖向裂缝),注浆压力为 0.6 MPa;

(6)一周后用气割枪割除注浆管外露部分,并用防水砂浆抹平表面;

(7)刷 2 遍 SW 混凝土密封胶或 XYPEX(赛柏斯)浓缩剂灰浆。

2)斜缝钻孔注浆

裂缝延伸方向与衬砌表面有一定角度时应用。它的施工工艺与骑缝钻孔注浆法基本一致,只是注浆孔的布置不一样,如图 2-6 所示。

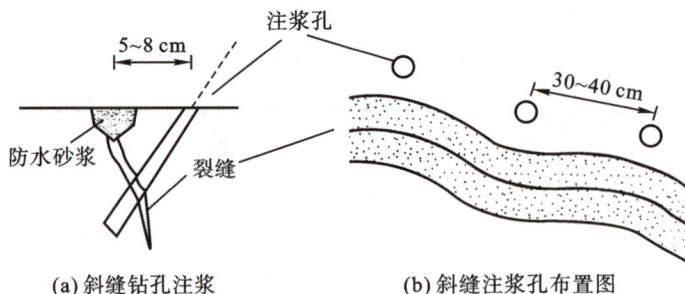

(a)斜缝钻孔注浆   (b)斜缝注浆孔布置图

图 2-6　斜缝钻孔注浆示意图

2. 施工缝渗漏处理

对于线状"三缝"部位的渗漏水,主要是采用剔槽,加设排水盲沟,外加弹性密封材料堵的方法。目前,常用的密封材料有改性沥青密封膏,聚硫、硅酮、聚氨酯密封胶和各种定型橡胶或膨胀橡胶止水条等。

对于施工缝的渗漏治理,有"先引水、后排水"的治理原则,即用铝膜将缝内水引至槽或PVC管,再排至两侧边沟内。

1)铝槽外排法

铝槽外排如图 2-7 所示。

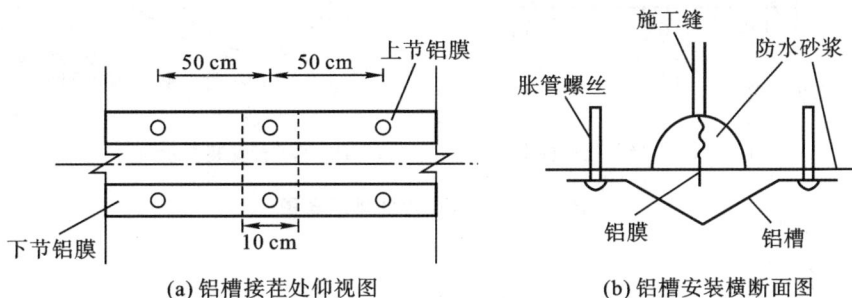

(a)铝槽接茬处仰视图　　(b)铝槽安装横断面图

图 2-7　铝槽外排示意图

(1)材料准备。

①制作铝槽。用自制的模具将铝材压制成 V 形,尺寸如图 2-8(a)所示,每条铝槽长 4~5 m。

②铝膜。铝膜卷材宽 48 mm,厚 0.2 mm,用剪子剪成长 40 cm 的一条,并人为将其打皱,如图 2-8(b)所示。

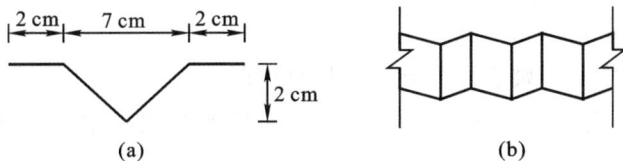

(a)　　　　　　　　(b)

图 2-8　铝槽横断面尺寸与打皱的铝膜

(2)施工工艺。

①凿 U 形槽,宽 4 cm,深 3 cm。

②用钢丝刷刷除浮碴,并用水冲洗干净。

③敷设铝膜舌片。用砂浆固定铝膜,抹砂浆时应尽量抹压槽的两侧,并抹至与衬砌表面齐平。还应尽量将打皱的铝膜插至槽的底部。

④安装铝槽。铝槽的安装顺序是先拱顶后两侧,接茬部位是下节压上节,接茬长度为10 cm,用冲击钻沿铝槽两翼间隔 50 cm 钻眼,然后用胀管螺丝固定铝槽。

⑤铝槽两侧与衬砌表面接缝处抹压纤维防水砂浆,目的是为了防止水从铝槽两翼与衬砌表面之间的缝隙溢出。

⑥在铝槽两侧所抹的防水砂浆上刷 2 遍 SW 混凝土密封胶或 XYPEX 浓缩剂灰浆。

2)PVC 管外排法

PVC 管外排如图 2-9 所示。

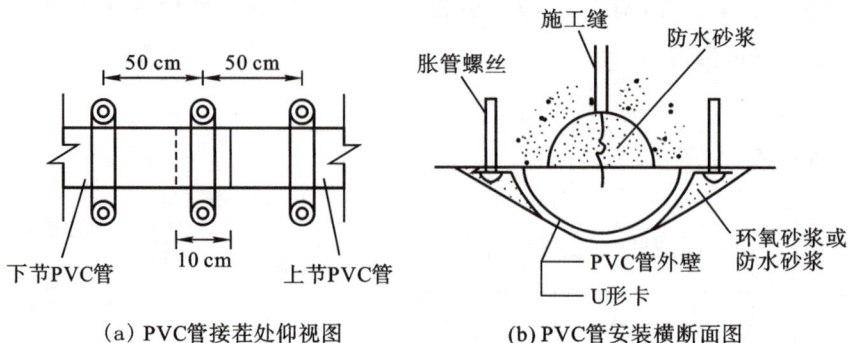

(a) PVC管接茬处仰视图　　　(b) PVC管安装横断面图

图 2-9　PVC 管外排示意图

(1)材料准备。

①PVC 管,管长 4 m,管内径 7 cm,管壁厚 2 mm。将其锯成 2 个半圆形 PVC 管。

②环氧树脂涂料配制。用聚氨酯道路嵌缝胶专用底涂料甲组料(也称环氧树脂)和乙组料配制。配制比例:(体积比)甲料:乙料＝1:2。

(2)施工工艺。

①～③步与铝槽外排法一致(见 51 页)。

④安装 PVC 管。用 U 形卡和胀管螺丝固定,间距为 50 cm。安装顺序是先拱顶后两侧,接茬处是下节压上节,接茬长度为 10 cm。

⑤在 PVC 管壁两侧及衬砌表面涂刷一层环氧树脂。

⑥待环氧树脂刷层有一定黏结强度时,抹压纤维防水砂浆以堵塞 PVC 管两侧与衬砌表之间的缝隙,防止水从此缝隙溢出。

⑦在纤维防水砂浆表面涂刷 2 遍 SW 混凝土密封胶或 XYPEX 浓缩剂灰浆。

3. 变形缝渗漏治理

为了适应结构变形的需要,对变形缝的渗漏治理采用暗埋 PVC 管排水法,这属于一种堵排结合的治理技术。从外观上来看,这种方法比外排法要美观,受外界环境的影响小,防渗漏效果较显著,但施工工艺较复杂。暗埋 PVC 管排水法如图 2-10 所示。

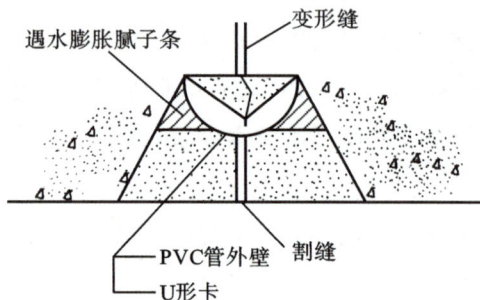

图 2-10　暗埋 PVC 管外排水法

（1）材料准备。

PVC管（管长 4.0 m，管内径 5 cm，管壁厚 2 mm，将其锯成 2 个半圆形 PVC 管）、U 形卡、胀管螺丝、环氧树脂涂料（配制）。

（2）施工工艺。

①凿梯形槽，槽上底宽 5 cm，下底宽 6 cm，高 4 cm。

②用钢丝刷刷除浮碴，并用水清洗干净。

③用砂浆敷设铝膜舌片。

④安装 PVC 管。安装顺序是先拱顶后两侧。接茬部位是下节压上节，接茬长度 15 cm，用 U 形卡和胀管螺丝固定 PVC 管，间距 50 cm。

⑤在 PVC 管外壁及槽的两侧涂刷一层环氧树脂。

⑥待环氧树脂涂层有一定黏结强度时，在 PVC 管两侧挤压一层遇水膨胀腻子条，然后抹纤维防水砂浆，抹至与衬砌混凝土表面齐平。

⑦待纤维防水砂浆有一定强度后，沿变形缝割缝。

⑧涂刷 2 遍 SW 混凝土密封剂或 XYPEX 浓缩剂灰浆。

四、面渗漏治理

面渗漏处治方案有两种，表面涂刷和浅孔注浆。

1. 表面涂刷

表面涂刷用于处理拱顶和墙面的轻度慢渗或湿渍。

（1）涂刷材料：XYPEX 浓缩剂灰浆。

（2）施工工艺。

①基面处理：凿平、打毛、用高压清洗机冲洗基面。

②渗漏严重处应进行浅孔注浆。

③刷浆：稍微用水湿润填缝表面，然后在修复区域（缝两侧各 20 cm 宽范围内）再各涂一道 XYPEX 浓缩剂灰浆（$V_水 : V_{灰浆} = 5 : 2$）和一层 XYPEX 增效剂，要求两层的面密度均不小于 0.6 kg/m^2。

④养护：待涂层初凝后用喷雾水养护 2～3 d，每天定期喷 3～5 次。

2. 浅孔注浆

浅孔注浆用于因混凝土内部不够密实而引起的渗漏（衬砌表面多为蜂窝麻面状）。其施工工艺如下。

（1）布孔：按梅花状布设孔位，孔间距为 600～800 mm。

（2）钻孔：用 φ42 mm 冲击钻头打孔，孔深 300～500 mm，并用高压清洗机将钻孔清洗干净。

（3）安装注浆管：将砸管套在注浆管外端，将其敲入钻孔内。

（4）按比例配制水泥-水玻璃双液浆，并分别装入各自的注浆桶中。

（5）用双液注浆泵进行注浆作业，注浆顺序为先注外周的注浆孔，后注内部的注浆孔，并依次推进。当一孔注浆压力达到设计值（一般为 2～3 MPa）且进浆速度很慢时，继续注 2～3 min后，即可停止注浆，然后进行下一孔注浆。

（6）注浆结束一周后，用气割枪割除注浆管外露部分，然后在表面涂刷 2 遍 SW 混凝土密封胶或 XYPEX 浓缩剂灰浆。

注意：在大面积渗漏处往往有局部渗漏较严重的点渗和线渗，因此治理时往往需几种措施结合运用。

3.裂缝嵌补

裂缝嵌补是指在衬砌裂缝内充填入嵌补材料修补裂缝，从而达到增强衬砌混凝土承载能力的目的。裂缝嵌料一般适用于原衬砌混凝土还具备使用功能，衬砌裂缝分布较少的情况。裂缝嵌补一般包括水泥砂浆嵌补和环氧树脂嵌补。

1）水泥砂浆嵌补

对于宽度在 5 mm 以下的裂缝，可沿裂缝延伸范围凿成楔形槽（槽宽不小于 5 cm，槽深接近裂缝深度，并不小于 5 cm），冲洗干净后，用 10 号防水水泥砂浆或膨胀水泥砂浆嵌补（见图 2-11）。当裂缝宽度较大时，也可用混凝土修补，即沿裂缝凿槽（宽 20～30 cm），冲洗干净并预先湿润后，填补 C25 干硬性混凝土。对于有错台的裂缝，缝内可插入 ϕ8 mm 的钢筋网进行加强。

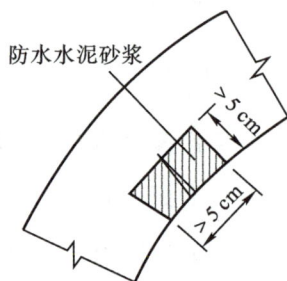

图 2-11　裂缝嵌补剖面图

2）环氧树脂嵌补

沿衬砌裂缝延伸范围内少量凿除，冲洗干净并风干后，用环氧树脂砂浆嵌补裂缝，也可用环氧树脂浆液对裂缝压注加固。其中环氧树脂砂浆适用于嵌补宽度不小于 5 mm 的裂缝，而环氧树脂浆液适用于压注宽度小于 5 mm 的裂缝。

五、渗漏水引排技术

微课

渗漏水引排技术

地下水在隧道病害成因中是最活跃、最具破坏力的因素，隧道渗漏水病害治理难度最大，其治理效果能够综合反映隧道整治质量。

1.洞外截流引排使水远离隧道

对地表水丰富的浅埋隧道，当地表沟谷坑洼积水、渗水对隧道有影响时，可用疏导积水、填平沟谷、砌沟排水等措施，使洞顶地表形成良好的排水系统，不使洞顶的地表水流入或渗入隧道。洞口仰坡边缘周围设截水沟和排水沟,并保持良好状态。

对地下水丰富、隧道内无排水沟或排水沟深度不足而导致隧道积水的,应采取增设水沟、将单侧沟改为双侧沟、加深侧沟或采取设置密井暗管加深水沟等措施。

对长大隧道,仅靠隧道内排水沟不能将流入隧道的地表水及地下水排出时,往往引起水漫道床,中断行车,如贵昆线梅花山隧道、果纳隧道,京原线平型关隧道,这种情况都曾多次发生,这时一般可采用增设或疏通平行导洞的方法。

增设防寒泄水洞是整治寒冷地区隧道水害的有效方法。寒冷地区的隧道,衬砌后的地下水渗漏到隧道中,冻结成冰,悬挂在拱部成冰溜,贴附在边墙成冰柱,积聚在道床上成冰丘,都可能侵限,危及行车安全,而且由于结冰冻胀,会导致衬砌裂损、脱落。嫩林线的岭顶隧道、兰新线乌鞘岭隧道、京原线平型关隧道,都曾因上述原因中断行车。为消除其病害而增设了泄水洞,泄水洞设在最大冻结线以下,以竖向排水沟与衬砌背后相连,并在泄水洞边墙及洞顶向围岩打潜水孔,以利疏排围岩中的裂缝水。

2. 洞内凿槽埋管引至侧沟边沟

对于从衬砌表面(主要在"三缝"部位)渗漏出来的地下水,必须配合采用引排技术(引水管、泄水管、引水渡槽等方式)治理。衬砌混凝土渗漏水集中后,凿槽,加设塑料半圆管,用防水砂浆抹平,将水引入隧道侧沟排出。

凿槽堵漏处治理设计如图 2-12 所示,先沿裂缝凿宽约 6 cm,深约 5 cm 的沟槽,用水冲洗干净后,再沿裂缝每隔 0.5~0.8 m 设置 1 根注浆钢管,注浆管前端分叉劈开对准渗水裂缝,再用堵漏料填充沟槽并固定注浆管,待堵漏料达到一定强度后,通过注浆管压注高分子丙烯凝浆液(丙烯酰胺)。

凿槽引排是在衬砌裂缝渗漏水集中处(包括施工缝处),采用凿槽埋管(软式透水管)方式将水引至排水沟,如图 2-13 所示。凿槽须有足够的宽度和深度,透水管须完全嵌入,并在其上采用防水砂浆等进行封堵。

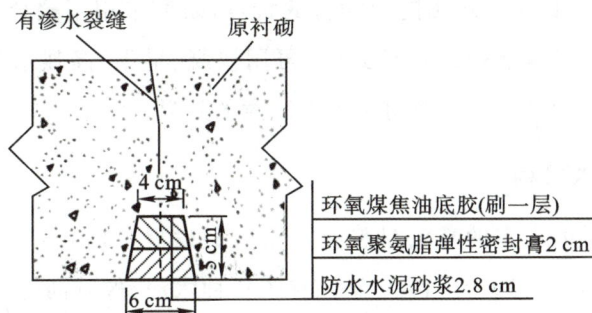

图 2-12　凿槽堵漏设计

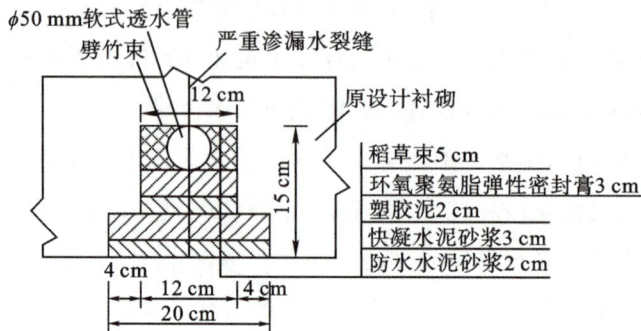

图 2-13 凿槽引排设计

六、水害整治技术关键

(一)分析病害成因,对症整治

检查和分析清楚病害成因是隧道整治的基础。根据引发水害的影响因素和规律,以及病害实际情况,采用针对性的措施,才能取得良好的整治效果,否则,整治效果就不会好。兰新线乌鞘岭隧道水害整治就是一例。乌鞘岭隧道位于兰新线 K83+778 处,穿越祁连山支脉(金强河与古浪河的分水岭)、垭口高 2 988 m。冬季最高气温-30.6 ℃,最大冻结深度 2 m,隧道内渗漏水冻害严重,道床结冰侵限。为保证行车安全,冬季安排多人刨冰。在兰新线兰武段电化改造时曾对此进行整治,但由于未抓住严寒这个关键要害,采用了通常加强地下水疏导的方法,收效甚微,后来总结失败的教训,采用严寒地区隧道治水经验,在道床中心右侧轨面下 4 m 处增设了防寒泄水洞,收到较好的效果。同样,大瑶山隧道基床病害整治由于抓住病根,取得较好的效果。大瑶山隧道 1988 年交付运营,由于道床基底施工质量差、中心沟水大流急等原因,3 年后发生线路突然下沉,不得不扣轨限速运行,直到 1997 年 8 月隧道内 6 处扣轨,限速运行达 6 年之久。其病害整治的难点为:中心沟水大流急,线路繁忙、行车间隔时间短;另外,一般防水速凝材料不能满足施工要求。针对大瑶山隧道病害的特点,研究采用了聚合物锚桩灌注法,即用聚合物锚桩替代扣轨,然后对沟墙裂缝进行封闭,再用快凝、早强、高强水泥(GRM 水泥)对基底注浆,填充基底吊空,恢复基底强度,取得了令人满意的效果。

(二)合理选择防水材料

随着科学的进步,隧道水害的整治材料有了很大的发展。1950—1960 年代主要采用普通水泥净浆或砂浆抹面或喷涂;1970—1980 年代有了特种水泥、橡胶沥青、橡胶水泥、焦油聚氨脂等,20 世纪 90 年代引进了 R 料(改性确保时)、防治水(优防水)赛柏斯等新型防水材料。防水材料的种类的增多,使水害整治有了更大的余地。根据隧道水害的特点,合理地选择防水材料,可做到简单、质量可靠、牢固耐久、造价低廉。隧道衬砌一般都比较潮湿,增设的内防水层使用的材料应具有可在潮湿界面上施工的特性,否则不是工艺复杂就是影响效果;隧道内一般通风较差,使用的材料应该是无毒、无味、无污染的;隧道是永久建筑物,使用的材料应是耐久性好、长寿命的。对于有侵蚀介质的隧道,应在弄清侵蚀介质的基础上,选择耐腐蚀性的材料;在有流水的部位,注浆应选用水溶性聚氨脂(因为水溶性聚氨脂遇水迅速膨胀和固化,堵水效果显著,但聚氨脂强度低、耐久性差、价格高),流水一旦被堵住,衬砌后仍应压注普通水泥净浆或砂浆堵塞空隙;对衬砌局部少量漏水宜选用立止水、R料、赛柏斯等堵水材料。

(三)严格采用施工工艺

不论采用哪种材料,不论增设内防水层还是注浆堵水,都应严格按施工工艺进行,否则将严重影响整治效果。

首先,隧道增设内防水层时衬砌表面必须平整,要用凿毛、喷砂及高压水进行认真清理,衬砌表面不得有灰尘、油污、泛碱、油漆、泛浆、剥落在即的混凝土等。不然无论用什么方法施做的内防水层都不可能与衬砌牢固地粘接在一起。

其次,内防水层必须在经过注浆堵漏的基础上进行,在衬砌有明显水流的情况下,不论用何种材料施作内防水层,都不可能与基底粘接牢固。也就是说,增设内防水层只能在没有明水的基础上进行(有的材料要求基面必须干燥)。衬砌有较大射流或渗流时,必须先进行堵漏处理,然后增设内防水层。

再次,堵漏必须与引排相结合,一般是在拱部采取堵的方法,在墙部采取排的方法。在漏水严重的地段,应先凿槽埋管引排,避免因强堵而增加衬砌背后的积水压力,导致衬砌其他薄弱部位出现新的渗漏。

最后,注浆堵水应按施工工艺进行,必须根据漏水情况合理布孔,根据堵水类型保证钻孔深度,严格按照水灰比和注浆压力,注浆前先压水检查注浆孔贯通情况及估算注浆量,注浆完成后应认真检查注浆效果,未到达设计要求的应进行补浆。基底注浆还应保证注浆量及基底清洗的洁净度,如基底清洗不干净,含有泥沙,注浆就不能到达预期效果。

▶ 学习任务四　　隧道渗漏水预防技术

隧道水害是常见的隧道病害之一,而且与衬砌腐蚀、寒冷地区的隧道冻害等其他隧道病害紧密相关,因此,做好隧道水害的预防和整治工作,对于降低隧道施工和运营的风险,提高隧道的安全性和耐久性,具有重要的作用。

隧道水害要进行综合整治,要在设计、施工、运营三阶段配合治理。首先,

隧道渗漏水
预防技术

设计人员要重视建筑和结构上的防排水要求,充分了解工程地质和水文地质,摸清围岩地下水源、水量、流向、水质等情况,及时采用新技术、新材料和新的防水施工措施;其次,施工阶段能够保证施工质量,并且水害治理得好,就会减轻运营中养护维修的任务,否则会留下隐患,加重运营阶段的水害。

隧道渗漏水预防

《地下工程防水技术规范》(GB 50108—2008)对地下工程的防水提出了总的治理原则,即"防、排、截、堵相结合,因地制宜,综合治理",采用多种防水办法相结合来防水,既能自成体系,又能相互配合,形成一个完整的隧道治水体系。

一、铁路隧道设计规范防排水要求

铁路隧道防水应综合采用注浆堵水、防水板和防水混凝土自防水、施工缝和变形缝的防水,以及排水系统排水等多种措施,形成完整的防排水系统,达到隧道防排水要求。

(一)隧道防水设计规定

(1)隧道衬砌应采用防水混凝土,防水等级为一、二级的隧道工程模筑混凝土抗渗等级不低于P8;地下水发育地段的隧道及寒冷地区隧道抗冻设防段衬砌混凝土抗渗等级不应低于P10。

(2)防水等级为一、二、三级的隧道应设置防水层;岩溶地区或地下水发育的硬质岩地段,可采用排水板防水层。

(3)防水等级为一、二级的隧道衬砌施工缝、变形缝应按表2-6选用防水措施。

(4)有侵蚀性地下水地段,应针对侵蚀类型,采用抗侵蚀性混凝土等措施。

表 2-6　铁路隧道衬砌结构防水设防要求

工程部位		拱墙		仰拱(底板)		施工缝						变形缝			
防水措施		防排水板	防水涂料	防排水板	预埋注浆管	中埋式止水带	排水板	预埋注浆管	背贴式止水带	防水密封材料	水泥基渗透结晶型防水涂料	中埋式止水带	排水板	背贴式止水带	防水密封材料
防水等级	一级	应选	可选	必要时选一种		应选	至少选一种					应选	至少选两种		
	二级	应选	—	必要时选一种		应选	可选一种					应选	至少选一种		
	三级	可选一种	—	—		可选一种						可选一种			

(二)隧道排水设计规定

(1)隧道、明洞、辅助坑道一般采用自流排水,无自流排水条件时应设置机械排水。隧道排水应防止危及地面建(构)筑物及农田水利设施等。

(2)隧道的排水系统应包括地表截排水沟,洞内侧沟及中心水沟,衬砌背后环向盲管(沟)、纵向盲管(沟)、横向排水管、泄水孔等,必要时可设泄水洞或隧底设排水管(沟)。

(3)隧道及平行导坑、横洞等辅助坑道内纵向应设排水沟,底部结构顶面应设横向排水坡;流入排水沟的隧底横向排水沟坡度宜为2%。

二、隧道防排水设施施工

(一)提高防水层的完整性

1. 选择性能优良的防水层材料

选择性能优良的防水层材料是保证防水夹层完整性的物质基础。目前隧道中使用的防水层一般由防水板和缓冲垫层组成。对于防水板材料,要求选择拉伸强度大于 25 MPa、断裂伸长率超过 500%、低温弯折性能在 −30~40 ℃不脆裂的材料,目前在隧道防水工程中应用较广且已被证实满足防水要求的防水板有 ECB(乙烯共聚物和沥青的共混物)、EVA(乙烯-醋酸乙烯酯共聚合物)和 LDPE(低密度聚乙烯)等。防水层中的垫层主要起保护防水板及过滤水和排水的作用,这就要求垫层材料具有较好的应力应变性能、较高的韧性和较好的渗透性,并且耐腐蚀、耐老化,目前工程上常用 300~400 g/m² 的无纺土工布作为防水板的缓冲垫层。

2. 对防水板的施工采用无钉铺设和双缝热焊施工工艺

无钉铺设法将防水板与固定垫层的塑料垫片热合在一起,基本上保证了防水板的完整性和密闭性。另外,防水板在铺设过程中按材料规格一幅一幅进行,故还存在防水板搭接问题。目前防水板间已采用轻型的自动爬行式热焊机进行焊接,接缝为双焊缝,中间留出了空腔以便充气检查焊缝的质量,即便发现焊缝质量未达要求亦有简单易行的补焊方法,这样也就确实保证了防水板的搭接质量。

3. 提高喷射混凝土的质量

喷射混凝土作为防水层是被国际隧道协会所提倡的。为提高喷射混凝土的防渗性能,应做到如下几点:

(1)对喷射混凝土的围岩基面进行处理。喷射前对围岩基面进行处理是十分必要的,从防水角度看,松散危石的节理、已经张开的裂隙是喷层背后主要的积水空间,使结构承受的水压力加大;围岩渗漏水直接影响喷射混凝土的喷射质量,对大股涌水宜采用注浆堵水,对小股水或裂隙渗漏水宜采用注浆或导管引排后再喷射混凝土,大面积潮湿的岩面宜采用黏结性强的混凝土,如添加外加剂、掺合料以改善混凝土的性能。

（2）对喷射混凝土背后空隙进行注浆。在软弱围岩段,支护要采用钢架,再加上锚杆、钢筋网、纵向连接筋等,使喷射混凝土层内部及其围岩接触面密布,加大了喷射难度,不可避免地在内部及靠围岩侧形成阴影,造成喷射混凝土内部及其与围岩接触面不密实,形成空隙,因而对支护及其背后注浆是十分必要的,是提高支护抗渗能力的重要保证。

（3）对突出的锚杆进行处理。对突出于围岩面的锚杆端部,可事先进行切割;对喷射后突出的钢筋头,可对其切割后再补喷或用砂浆覆盖。

（4）对喷射混凝土进行湿润养护,减少裂纹。当喷射混凝土发生裂纹时,应视裂纹情况,采用补喷混凝土、灌浆等方式将裂缝封闭。

（5）调整混凝土配合比或掺加外加剂等,提高混凝土的抗渗能力。通过试验确定喷射混凝土的最佳配合比或采用掺加抗渗外加剂这两种途径均可提高混凝土的抗渗能力。当围岩变形大时,可采用纤维喷射混凝土以提高支护层防裂能力。

综上所述,喷射混凝土支护层作为复合式衬砌的最外层支护及第一道防水屏障,其施作质量和防水效果受围岩开挖、施作工艺及结构形式影响很大。不作任何处理的喷射混凝土的防水能力是非常有限的。

(二)增强隧道接缝防水

1.对弹性密封膏作缓膨胀处理

在施工过程中,由于施工用水以及洞内湿度较高等,导致弹性密封膏在下一阶段的混凝土还未浇筑前就预先膨胀,失去了其后期的膨胀止水功能。解决这个问题的方法通常是对弹性密封膏作缓膨胀处理,使其膨胀速率明显下降,从而为其后期膨胀提供一定的空间,有利于增加弹性密封膏与混凝土基面之间的密实性。目前为达到此目的的通常采用两种方法,一是在弹性密封膏表面涂刷缓膨胀剂,形成一层隔离膜。缓膨胀剂一般选用酯类隔离剂,这类材料在混凝土碱性作用下会产生皂化反应,使隔离膜破裂。二是在生产弹性密封膏的过程中加入缓膨胀成分,制成具有缓膨胀功能的弹性密封膏。

2.中埋式止水带接茬处的正确处理

对于止水带来说,接茬处是其防水的薄弱环节。除了应对止水带接茬处打磨整形并可靠胶合外,在施工中还应尽量将接茬处设置在隧道的边墙或拱脚上下排水坡度较大处,使水流能够尽快顺畅地通过接茬部位。另外,还应注意接茬的搭接关系,即应遵循"上外下内"的原则。

(三)提高混凝土自防水性能

1.合理配制防水混凝土

为了能够合理地配制防水混凝土,应充分认识以下两点:第一,应注意混凝土标号和抗渗等级的匹配问题;第二,目前隧道工程中应用较多的是外加剂型防水混凝土,由于外加剂与当地的水泥及其他原料之间有相互适应的问题,因此应对外加剂型防水混凝土中所选外加剂与混凝土配合比进行试验,确认合格后才能将其投入使用。

2.控制混凝土的配合比、入模温度并加强混凝土的养护工作

目前工程中使用的混凝土有商品混凝土和自拌混凝土。由于商品混凝土受运输距离和交通的影响,考虑到混凝土坍落度的损失,通常水灰比偏大,而且有些搅拌站为了自身的声誉,水泥用量往往较高,这就使衬砌混凝土的收缩裂缝增多;而采用自拌混凝土就没有上述缺点,可以严格按规范操作,有利于控制混凝土的配合比。

另外,在高温、炎热季节,由于白天温度高、昼夜温差大,因此混凝土的浇筑应尽量安排在夜间进行,并且要准备足够的场地堆放原材料,并采取浇水、加篷等措施,降低原材料的温度,从而降低混凝土的入模温度。这一做法对减少混凝土因温差而产生的裂缝有很大的好处。最后,应加强混凝土的养护工作,这样可以减少混凝土因水分过早蒸发而产生的细小干缩裂缝。

三、隧道渗漏引排

尽管不同专业从材料和构造方面实施防水的做法多种多样,但隧道防水技术主要有三种类型:一是从围岩结构和附加防水层着手以防为主的水密型防水;二是从疏水、泄水着手以排为主的泄水型或引流自排型防水;三是防排结合的混合型防水。当考虑用排水法来防水时,可分以下几个步骤来实施:

(1)预先排水。在开挖后的衬砌前,为便于施工,对围岩进行排水,将大量的地下水引出汇集到纵向排水管沟内。衬砌背后未进行注浆防水的隧道,也可采用这种方法作为永久防水。

(2)采用围岩排水槽。围岩排水槽可在衬砌施工前、后起补充预排水作用(由其当围岩中地下水以扩散方式渗透时),或分流渗入衬砌拱腹内的地下水,减轻衬砌中的渗透压。

(3)采用衬砌排水沟槽。沿衬砌接缝或垂直于接缝均可设置一些沟槽,沟槽可采用不同的断面。对于有仰拱的隧道或需要设置深埋水沟的隧道,为了避免过深的墙基深度或过低的仰拱底开挖高程,要求设置中心排水管。为了保证在混凝土衬砌上无静水压力,规定在混凝土拱两侧的根部,以及在混凝土衬砌和防水薄膜外部要设置外排水管,将渗流水导出隧道。

排水法防水通常与其他防水方法结合使用,很少单独使用在隧道工程中。

渗漏水引排的方法还有很多,比如埋入式引排导水法和外贴式引排导水法。埋入式引排导水法是将混凝土衬砌的漏水缝隙凿成"⊥"形,埋入半圆形塑料或金属片、泡沫塑料条等,造成暗埋的引水通路,将水排入落水系统;外贴式引排导水法多用于地下工程的拱顶裂缝渗漏水,该法是在水平的渗漏水缝隙下面安装不锈钢导水槽,将水引入排水系统,见图2-14。

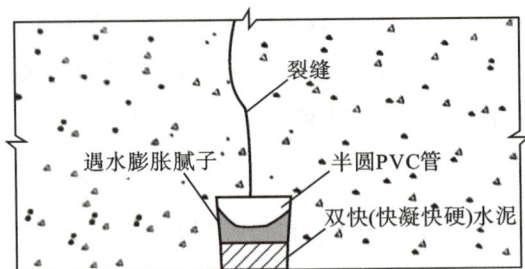

图 2-14　引排衬砌裂缝渗漏水断面图

对于施工及地质勘测留下的钻孔、坑道、洞穴,要做好排水处理或封填,对断层破坏带、陷穴、漏斗等,如有较大的径流进入,宜作截水沟或回填,若无明显径流,但造成隧道漏水的,应采取封闭措施(如换填、注浆等)。

当隧道衬砌周围地下水有明显集中的来水通路,导致地下水流量很大时,可采取泄水洞、钻孔截水、拦截暗河、防渗帷幕截水等地下截水设施截断水源。对地下水丰富,隧道内无排水或排水沟深度不足而导致隧道积水的,应增设排水沟或加深排水沟。当长大隧道仅靠隧道内排水沟不能将流入隧道的地表水及地下水排出时,可以考虑增设或疏通平行导洞。

通过调整配合比、掺外加剂、掺和料等方式配置抗渗等级比设计要求高一级的抗渗混凝土,提高混凝土的密实度,并加强对抗渗混凝土的养护,防止混凝土开裂。

对于已产生裂纹的衬砌混凝土,也可以采用锚杆支护技术。锚杆具有紧固作用和均匀压缩拱作用,见图 2-15,可有效提高围岩的整体承载能力,将已产生裂纹的衬砌混凝土与已加固的围岩结合在一起,阻止衬砌结构的进一步破坏,防治渗漏。如衬砌产生的裂缝不密集,尚不足以危及隧道结构安全,经加固后仍有较强的承载能力,而且存在净空断面缩小的余地,在安设锚杆、注浆加固的基础上,可以考虑使用套衬技术,就是在既有衬砌内表面再灌注一定厚度的混凝土,与既有衬砌共同承担围岩压力。套衬可以有效地阻止既有衬砌进一步裂损变形,进而起到防止渗漏的作用。

如果隧道衬砌结构裂缝交错分布,密度较大,并伴有片块剥落,严重错台,侵入净空限界,使原衬砌失去使用功能,则应考虑拆除旧衬砌结构,重新施作新的衬砌,即采用结构抽换技术。

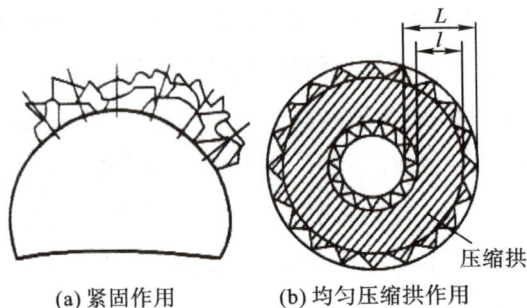

(a) 紧固作用　　(b) 均匀压缩拱作用

图 2-15　锚杆紧固作用和均匀压缩拱作用示意图

四、注浆防水

注浆能起到提高隧道围岩整体性，改善衬砌承受围岩压力、水压力的作用，它属于隧道介质防水，其有效性可以通过注浆后达到的渗透性来评价。隧道注浆防水施工应根据水文地质情况、开挖支护方式、地表环境要求、水保护政策等制定注浆防水方案，可根据不同情况选择下列方案：

(1)掌子面前方存在较高水压和富水区，具有较大可能、较大规模的涌水、突水且围岩软弱，自稳性差，开挖后可能导致掌子面失稳而诱发突水、突泥者，宜采用全断面帷幕注浆或周边注浆。

(2)掌子面前方围岩基本稳定，但局部存在一定的水流，开挖后可能导致掌子面大量渗漏水而无法施做初期支护时，宜采用超前局部注浆。

(3)围岩有一定自稳能力，开挖后水压和水量较小，但出水量超过设计允许排放量时，宜采用径向注浆。

(4)注浆防水宜根据工程地质和水文地质情况、注浆工艺和设备等因素，考虑浆液的流动性、可注性和稳定性等，并结合经济性选择采用水泥砂浆、超细水泥浆、水泥-水玻璃浆液等材料。

注浆可用于已建成的隧道而不需拆除衬砌，也是施工期涌水的有效预防措施。在实际应用中，注浆防水主要用于盾构隧道防水及填缝堵漏。而且注浆本身作为防水层也能发挥很大的防水作用。如果采用具有长期稳定性的防水材料，则注浆防水可获得永久性的防水效果。另外，注浆也用于隧道变形缝的处理。

案例分析

隧道漏水处理

一、基本情况

某铁路线隧道建成于1959年，隧道通过的基本岩层为白云质石灰岩，岩石节理发育充分，"在施工过程中曾发现某施工里程拱顶及边墙有大量渗水现象"。经过多年运营，隧道漏水日趋严重，2004年边墙结冰侵入限界影响列车正常通行，2005年距入口162 m处拱顶出水成股射流至接触网线，造成接触网跳闸事故，影响接触网正常供电。此处纳入2006年大修施工计划。

二、漏水原因分析

(1)隧道出口地段系白水河古河道冲积层，接近地表处为黄土质砂黏土夹少量碎石，厚

$3\sim8$ m,20 世纪 90 年代在出口 20 m 内曾发生山体坍方事故。

（2）由于混凝土多孔性结构的特点造成漏水。普通混凝土（非密实的防渗混凝土）较防水混凝土抗渗能力低。

（3）本隧道衬砌为 1.5 m×0.3 m 木质模板支护，施工中纵向、横向接缝较多，未对接缝进行防水处理，模板间的纵缝是此隧道漏水的主要处所。

（4）施工调查中发现山顶有一处废弃蓄水池，疑为修建隧道时的施工水池，可汇集雨雪水超 100 m³，正对应隧道内一处季节性涌水处所。

三、施工方案简介

因隧道裂隙较多，完全靠堵是堵不住的，因此确定"以引为主，引堵结合"原则，根据隧道病害的特点，采取了三种不同对策对隧道漏水进行综合整治。

（1）埋管引流。沿漏水的隧道施工缝开槽，埋入 U 形 PVC 管（此管为柔性管，于拱圈处同样适用），将从缝内渗漏出的水排入隧道排水沟。拱顶部分槽口采用堵漏材料封堵，表面再涂刷防水材料两道，将缝隙封闭；边墙部分槽口填塞 M10 水泥砂浆，表面涂刷防水材料两道以封闭缝隙。这种施工方法不封堵渗漏水通道，且不侵占隧道空间。

（2）注浆封堵。沿漏水的施工缝开槽，打孔，采用注浆机注入浆液，在拱圈外部形成防水层；涂刷防水材料，加强衬砌内混凝土的抗渗性；再填塞堵漏材料及涂刷两道防水材料进行封闭。该方案封堵"三缝"渗漏水通道，恢复隧道衬砌结构的自防水功能，与下述的方案（3）相结合，适用于衬砌混凝土出现大面积渗漏、点漏及不规则渗水缝较多的隧道漏水整治。

（3）清除衬砌点漏、渗漏、裂纹漏水处混凝土，采用防水材料封堵在出现点漏、渗漏的衬砌处。将混凝土凿除，露出新鲜混凝土面，用堵漏材料填塞修补，再于其表面涂刷两道防水材料，以封堵渗漏水孔，提高衬砌混凝土自身防水能力。

本次施工共埋管引流 60 m，注浆封堵 213 m，经过一个雨季观察，治漏效果明显，线路设备翻浆冒泥也得到了根本整治。

技能训练

1.隧道渗漏水分为哪几种类型？

2.隧道渗漏水有哪些危害？

3.简述地下工程防排水原则。

4.简述隧道水害的成因。

5.隧道水害有哪些处理方法？

6.隧道注浆防水有哪几种措施？

衬砌裂损及整治

教学目标

知识目标

1.熟悉隧道衬砌类型;

2.了解隧道衬砌裂损的原因;

3.掌握衬砌裂损的观测方法;

4.掌握隧道衬砌裂损的整治方法。

技能目标

1.具备分析隧道衬砌裂损成因的能力;

2.具备观测隧道衬砌裂损的能力;

3.具备选定隧道衬砌裂损防治方法的能力。

素质目标

1.养成良好的职业道德;

2.具有吃苦奉献的精神;

3.培养勇于创新的能力。

任务导入

某铁路隧道全长 1 045 m。洞身通过黄土质砂黏土、黏土、石灰岩、页岩及泥岩地层。因为隧道为浅埋隧道,穿越砂黏土构成的黄土山岭,所以岩体风化干裂、流失,承载力降低,加之施工质量低,隧道大部分衬砌出现起毛、裂纹、斜裂、剥落、孔洞掉块严重,拱顶、边墙渗水严重,病害的发展对隧道的稳定和运输生产的安全已构成很大的威胁。试分析该隧道衬砌裂损原因和处置方案。

任务实施

隧道衬砌是承受地层压力、防止围岩变形坍落的工程主体建筑物。地层压力的大小,主要取决于工程地质、水文地质条件和围岩的物理力学特性,同时与施工方法、支护衬砌是否及时和工程质量的好坏等因素有关。作用在支护衬砌上的地层压力,主要有变形压力、松动压力,在膨胀性地层有膨胀压力,在有冻害影响的隧道存在冻胀性压力。

由于变形压力、松动压力作用,地层沿隧道纵向分布及力学性态的不均匀作用,温度和收缩应力作用,围岩膨胀性或冻胀性压力作用,腐蚀性介质作用,施工中人为因素,运营车辆的循环荷载作用等,使隧道衬砌结构物产生裂缝和变形,影响隧道的正常使用,统称为隧道衬砌裂损病害。

衬砌裂损是隧道病害的主要形式之一。隧道衬砌裂损破坏了隧道结构的稳定性,降低了衬砌结构的安全可靠性,影响隧道的正常使用,甚至危及行车安全。衬砌裂损变形的主要危害有:

(1)降低衬砌结构对围岩的承载能力;

(2)使隧道净空变小,侵入建筑限界,影响车辆安全通过;

(3)拱部衬砌掉块,影响行车和人身安全;

(4)裂缝漏水,造成洞内设施锈蚀、道床翻浆,在严寒和寒冷地区还会产生冻害;

(5)铺底和仰拱破损,基床翻浆,线路变形,危及行车安全,被迫降低车辆运行速度,大量增加养护维修工作量;

(6)在运营条件下对裂损衬砌进行大修整治,施工与运输互相干扰,费用大。

▶ 学习任务一 衬砌裂损类型

衬砌裂损类型

衬砌裂损类型

一、衬砌开裂

根据裂缝走向及其和隧道长度方向的相互关系,隧道衬砌裂缝分为纵向裂缝、环向裂缝和斜向裂缝三种。环向工作缝裂纹一般对于衬砌结构正常承载影响不大;拱部和边墙的纵向及斜向裂纹破坏结构的整体性,危害较大。

(一)纵向裂缝

纵向裂缝(见图3-1)平行于隧道纵轴线,其危害性最大,持续发展可引起隧道掉拱、边墙断裂甚至整个隧道塌方。

纵向裂缝分布具有拱腰部分比拱顶多,双线隧道主要产生在拱腰,单线隧道主要产生在边墙的规律。从受力分析来看,拱顶混凝土衬砌一般是内缘受压形成内侧挤压;拱腰部位主要是混凝土衬砌内缘受拉张开;拱脚部位裂缝多为衬砌错动,导致掉拱可能;边墙裂缝常因混凝土衬砌内缘受拉张开而错位,会使整个隧道失稳。

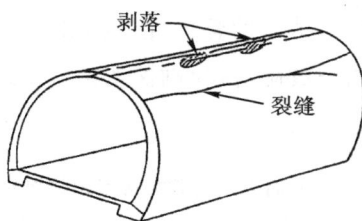

图 3-1　隧道纵向裂缝

(二)环向裂缝

环向裂缝(见图 3-2)主要由纵向不均匀荷载、围岩地质变化、沉降缝等处理不当所引起，多发生在洞口或不良地质地带与完整岩石地层的交接处。环向裂缝约占裂缝总长的 $30\%\sim40\%$。

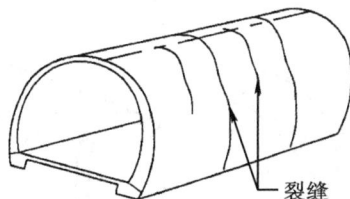

图 3-2　隧道环向裂缝

(三)斜向裂缝

斜向裂缝(见图 3-3)一般和隧道纵轴呈 $45°$ 夹角，常因混凝土衬砌的环向应力和纵向受力组合而成的拉应力造成，其危害性仅次于纵向裂缝，也须认真加固。

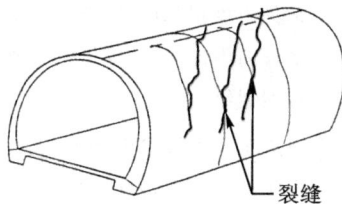

图 3-3　隧道斜向裂缝

有关部门曾对我国铁路 88 座典型隧道(全长 78 km)，总长度 32 482 延米的裂纹裂损情况进行了调查统计，其中纵向裂纹、斜向裂纹及环向裂纹三种类型情况见表 3-1。按衬砌受力变形形态和裂口特征分类，主要分为衬砌受弯张口型裂纹[见图 3-4(a)]、内缘受挤压闭口型裂纹、衬砌受剪错台型裂纹[见图 3-4(b)]、收缩性环向裂纹等 4 种，见表 3-2。其中，以拱腰受弯张口型纵向裂纹最为常见,衬砌向内位移;相应拱顶部位发生内缘受压闭口型裂纹,向上位移。纵向和斜向裂纹使隧道衬砌环向节段的整体性遭到破坏。当拱腰和边墙中部出现两条以上粗大的张裂错台,并与斜向、环向裂纹配合,衬砌被切割成小块状时,容易造成结构失去稳定、发生坍落,对运营安全威胁最大。

表 3-1　隧道混凝土衬砌裂缝情况调查统计表

顺序	裂纹种类	占裂缝长度的比例(%)	部位	占裂缝长度的比例(%)
1	纵向裂缝	79.3	拱腰纵裂 边墙纵裂 拱脚纵裂 拱顶纵裂	64.7 19.9 12.2 3.22
2	斜向裂缝	4.9	拱部、边墙	—
3	环向裂缝	14.1	拱部、边墙	—

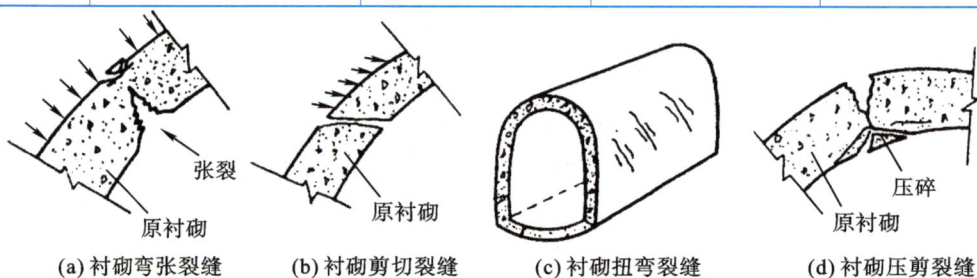

(a) 衬砌弯张裂缝　(b) 衬砌剪切裂缝　(c) 衬砌扭弯裂缝　(d) 衬砌压剪裂缝

图 3-4　隧道衬砌裂损受力特征

表 3-2　按隧道衬砌受力变形形态和裂口特征分类表

顺序	裂纹类型	隧道混凝土衬砌受力变形形态和裂口特征
1	衬砌受弯张口型	常见于拱腰部位、边墙中部,衬砌承受较大的地层压力作用,衬砌受弯向内位移,内缘拉应力超过混凝土的极限拉伸强度,而发生张口型裂纹
2	内缘受挤压闭口型	对应于两拱腰发生较严重的纵向张裂内移地段的拱顶部位,常出现闭口型纵裂,衬砌向上位移。其中较严重处,拱顶内缘在高挤压应力作用下发生剥落掉块
3	衬砌受剪错台型	偶见于拱腰部位衬砌,在其背后局部松动滑移围岩的推力作用下,沿水平工作缝较薄弱处,有一侧的衬砌变形突出,形成错台型裂纹
4	收缩性环向	多见于隧道靠洞口处,受气温变化影响较大,混凝土衬砌环向施工缝出现收敛性裂纹

二、衬砌变形

混凝土衬砌发生收敛变形,造成隧道净空不够,或侵占预留加固的空间,个别隧道的混凝土衬砌侵入达 30～40 mm,因此运营隧道需定期进行限界测量,作为加固的依据。

三、衬砌腐蚀破坏

我国西南地区不少铁路隧道混凝土衬砌被酸性地下水所侵蚀。这些地区的地下水,硫酸根(SO_4^{2-})在水中含量高达 6 000 mg/L,因而造成混凝土衬砌和道床被侵蚀成豆腐渣状,强度降低 30%,这种混凝土衬砌的处理和加固难度较大。衬砌侵蚀将在学习情境 5 中详述。

四、衬砌背后空洞

衬砌与围岩之间没有回填密实,出现脱空,空洞从 0.3～1.5 m 不等,采用一般加固方法比较困难。

五、仰拱破碎、道床下沉、翻浆冒泥

仰拱破碎、道床下沉、翻浆冒泥等(见图 3－5)直接影响行车安全,加固衬砌又受到行车时间限制,因此施工时必须及时处理。

图 3－5　仰拱破碎、道床下沉、翻浆冒泥

● 学习任务二　衬砌裂损的描述与观测

一、裂损的描述

(一)隧道衬砌部位的划分

将隧道衬砌的拱部分为左右两半,边墙左右分为两半,仰拱作为一个部分,

PPT

衬砌裂损的
描述与观测

整个隧道衬砌共分五部分,每一部分依其内缘周长再划分为四个等分,将全断面分为 14 个部位,如图 3 - 6 所示。

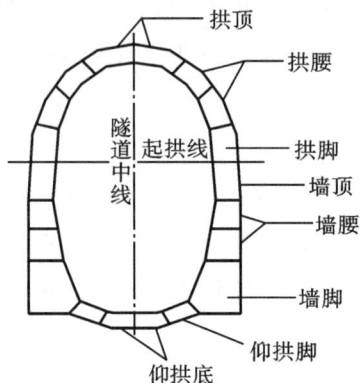

图 3 - 6　隧道衬砌部位划分图

(二)裂缝宽度与分级

裂缝开裂宽度在缝口处沿垂直裂面方向量取。缝宽 δ 按大小分为四级:

①毛裂缝(又叫发丝):$\delta \leqslant 0.3$ mm;

②小裂缝:0.3 mm$< \delta \leqslant 2$ mm;

③中裂缝:2 mm$< \delta \leqslant 20$ mm;

④大裂缝:$\delta > 20$ mm。

(三)裂缝错距

衬砌出现错牙,用裂缝错距表示。错距沿垂直方向和水平方向量取,前者叫垂直错距(ε),后者叫水平错距(C),如图 3 - 7 所示。

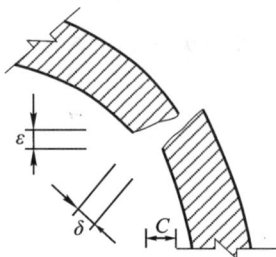

图 3 - 7　隧道错台示意图

(四)裂缝间距

裂缝间距为具有走向大致相同的相邻裂缝之间的距离,用以描述衬砌破碎程度,一般宜取每一个节段单位来分析。

(五)裂缝密度

裂缝密度是表述衬砌裂损的一种形态指标,分为节段裂缝密度和节段局部裂缝密度。

1.节段裂缝密度 η_d

$$\eta_d = \frac{\sum S_d}{S}$$

式中, $\sum S_d$——该节段内所有裂缝的总面积,等于各裂缝长度与裂缝宽度乘积的总和,m^2;

　　　S——该节段衬砌的内缘表面积,m^2。

2.节段局部裂缝密度 η_b

将同一节段中衬砌划分为拱顶部、左边墙、右边墙、仰拱等几个部分,分别统计其裂缝密度 η_b,

$$\eta_b = \frac{\sum S_b}{S}$$

式中, $\sum S_b$——该部分的裂缝总面积,m^2;

　　　S——该部分衬砌的表面积,m^2。

二、衬砌裂损的检测

(一)隧道衬砌裂损检查

隧道的检查一般分为经常检查、定期检查、临时检查和专项检查。如发现下列病害,应查明原因,及时安排处理:

(1)衬砌开裂、变形、损坏。衬砌裂缝长度>5 m、宽度>5 m;衬砌变形速率>10 mm/a;拱部衬砌压溃范围>1 m^2、掉块深度>10 mm。衬砌多条裂缝贯通有掉块可能时,应立即有计划地安排处理。

(2)衬砌严重风化、腐蚀造成衬砌崩塌、剥落。衬砌腐蚀疏松深度大于衬砌厚度的1/6、面积在0.3 m^2 以上。

(二)隧道衬砌变形观测

当边墙(或拱脚)发生变形时,可在边墙(或拱脚)变形部位埋设钎钉,钎钉上悬挂垂球,与埋设在隧底的固定点对应,如图3-8所示。同时可以量测钎钉与固定点间的垂距和水平位移,观测位移和算角变位。

衬砌裂损检测

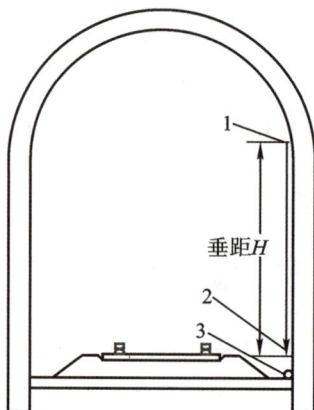

1—钎钉；2—垂球；3—固定点。

图 3－8　衬砌变形观测

隧道的净空位移量测可以采用隧道内埋设测点后用收敛计进行测定，也可用全站仪和水准仪观测隧道拱顶下沉或隧道底部上拱的变形情况。以上两种观测也可以采用激光断面仪进行量测。

（三）衬砌裂缝变化观测

对运营中隧道衬砌裂缝进行观测，以确定其发生的机理、发展状态以及现状，为整治工作提供依据。观测裂缝时，可以用专用观测器具量测裂缝的长度、宽度及错台，也可用钻孔或者超声波的方法测定裂缝的宽度。如 DJCK－2 智能裂缝测宽仪，测量时程序自动扫描捕获裂缝并在显示屏上实时显示裂缝的宽度数值，测量精度达到 0.01 mm。对于裂缝变化量监测，可将 CJ－301 型振弦式测缝计垂直于裂缝布设，对衬砌裂缝的后续发展情况进行监测。

对于有发展的裂缝，一般采用下面的观测方法。

1. 灰块测标观测

如图 3－9 所示，灰块测标用 1∶3 水泥砂浆抹在裂缝上，灰块尺寸可做成 φ100 mm，厚 10 mm 的圆块，或做成 100 mm×120 mm×10 m 的长方块，在灰块上写明日期、编号，再在裂缝的起点、终点用色漆垂直裂缝画线，写明日期，把裂缝编号、宽度、长度和深度等记入技术文件内。

如裂缝有发展，灰块裂开，裂缝的起止点也将超出原来色漆所标明的位置，此时可按上述方法重做。

灰块测标一般设在下列部位：裂缝起止端、裂缝最宽处、裂缝交合处、裂缝中部（每 3～5 m 设 1 块）。

灰块测标是现场观测常用的方法，简便易作，但精度稍差。

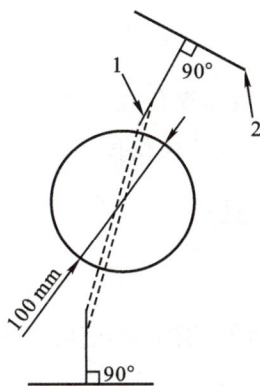

1—灰缝；2—油漆画线。

图3-9　灰块测标

2. 钎钉测标观测

如图3-10所示,在裂缝两侧完好圬工中埋入两个钎钉(其中一个为L形),两个钎钉的尖端相交于一点。钎钉测标观测能量测裂缝扩张程度,还可以量测裂缝的错距。

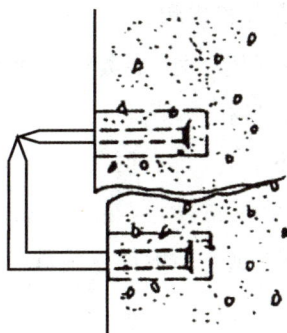

图3-10　钎钉测标

3. 金属板测标观测

金属板测标如图3-11所示。在裂纹两侧完好圬工中各埋入两个标钉,固定两块薄金属板,其中一块有刻度,另一块有指划零点。根据两块金属板相互移动的位置,可知裂纹扩张程度。这种观测方法可以累计读数,精度较灰块为高。

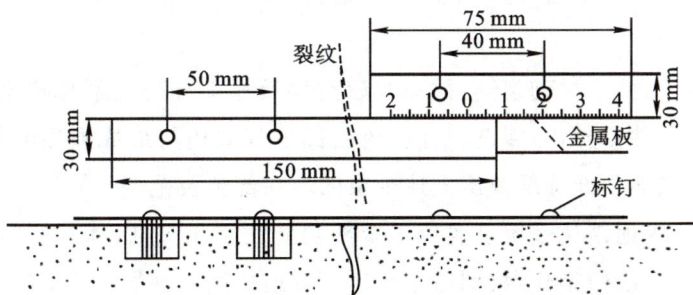

图3-11　金属板测标

(四)裂缝宽度及深度测量

裂缝宽度及深度是判别开裂程度的重要依据。现场测量裂缝宽度一般采用裂缝插片尺和裂缝观测仪,测量裂缝深度一般采用超声波探伤仪。

(五)衬砌背后空洞与密实性检测

1. 敲打检查法

用小锤敲打衬砌,如有空响,则表示背后有空隙,应用颜色标注出来,以便继续检查或采取措施。

2. 钻探检查法

需进一步查明衬砌背后的空隙程度、回填情况及围岩地质状态时,可用钻机钻探(孔眼应与圬工面垂直),取出样品进行分析判断。

3. 开挖检查法

为了更清楚地了解拱圈圬工质量、拱背病害、防水层状态、回填质量、围岩地质和地下水情况,可采用开挖检查法,开挖部分分拱背和拱腰。

拱背检查一般在拱顶每隔 25 m 开挖一处,混凝土衬砌开挖孔为 $\phi50\sim60$ cm 的圆形孔,石料衬砌开挖孔为边长 $50\sim60$ cm 正方形孔。

拱腰开挖检查一般从起拱线以下 1.5 m 处开挖。

开挖检查完毕后,应进行回填和修复衬砌。

对开挖检查的各种技术状态资料,应详细地加以整理分析,存入隧道卷宗。

4. 物探(无损)检测法

近年来,探地雷达(GPR,ground‐penetrating radar)、超声波等无损探测方法被引入隧道病害检测。

探地雷达方法是一种用于确定隐伏介质分布的广谱电磁波技术,雷达系统向被探测物发射电磁脉冲,电磁脉冲穿过介质表面,碰到目标物或不同介质之间的界面而被反射回来。雷达系统通过对接收到的反射波进行叠加、滤波和以不同方式显示等一系列处理,精确地测定出电磁脉冲传播到目标物并反射回来的时间,由此来确定目标物的深度和位置。电磁脉冲的传播时间取决于物体的导电性能。

在隧道病害检测中,由于衬砌裂缝、衬砌背后空洞及衬砌混凝土本身疏松部位等的形成与衬砌本身强烈的介质条件差异,在裂缝、空洞、疏松部位等周边将形成强烈的反射电磁波,从而在雷达电磁波的时间剖面中准确反映出上述现象的存在部位及范围。

目前,工程应用的探地雷达系统已实现了全部功能数字化控制,并具有多种天线以适应不同检测深度的需要,设备已微型化,特别适用于运营隧道检测中现场工作时间短的情况。

探地雷达已在成昆铁路等多条线路的隧道病害检测中得到应用。

▶ 学习任务三　衬砌裂损原因分析

一、设计方面的原因

PPT

衬砌裂损原因分析

微课

衬砌裂损原因

隧道设计时,因围岩级别划分不准、衬砌类型选择不当,造成衬砌结构与围岩实际荷载不相适应,引发裂损病害。

客观上,因隧道穿越山体的工程地质和水文地质条件复杂多变,受勘测设计工作的数量、深度所限,大量的隧道都只有较少的地质钻孔,在设计阶段难以取得完整的地质资料,可能出现一些地段的围岩级别划分不准、衬砌类型选择不当的情况,如果在施工中得不到纠正,或施工中对正确的设计进行了错误的变更,都会造成这些地段的衬砌结构与围岩实际荷载不相适应。例如:

(1)对一些具有膨胀性围岩地段,未采取曲墙加仰拱衬砌;

(2)偏压地段未采用偏压衬砌;

(3)断层破碎带、褶皱区等局部围岩松散压力或构成应力较大地段,衬砌结构未能相应采取加强措施;

(4)对基底软弱和易风化、泥化地段,未设可靠防排水设施,混凝土铺底厚度及强度不足。

二、施工方面的原因

施工时,受技术条件限制,或方法不当、管理不善,造成工程质量不良。

(1)早期隧道采用先拱后墙法施工时,拱架支撑变形下沉,造成拱部衬砌产生不均匀下沉,拱腰和拱顶发生施工早期裂缝。对Ⅲ级以下的围岩,过去通常采用先拱后墙(上下导坑)施工方法,由于工序配合不当、衬砌成环不及时、落中槽挖马口时拱部衬砌悬空地段过长、拱架支撑变形下沉等原因,都容易造成拱部衬砌产生不均匀下沉,导致拱腰和拱顶衬砌发生施工早期裂缝。

(2)拱顶与围岩不密贴,在"马鞍形"围岩压力作用下,拱腰内移张裂,相应拱顶上移,内缘受挤压。模筑混凝土衬砌拱背部位常出现拱顶衬砌与围岩不密贴的空隙,由于未及时压浆回填密实,就形成拱腰承受围岩较大荷载,而拱顶一定范围空载,这种常见的与设计拱部荷载不相符、对拱部衬砌不利的"马鞍形"受力状态,正是导致拱腰内移张裂、相应拱顶上移、内缘受挤压等常见病害产生的荷载条件。

(3)由于施工测量放线发生差错、欠挖、模板拱架支撑变形、坍方等原因,而在施工中又未能妥善处理,造成局部衬砌厚度偏薄。

（4）过早拆除模板支撑，使衬砌承受超容许的荷载，易发生裂损。

（5）施工质量管理不善，混凝土材料检验不力，施工配合比控制不严，水灰比过大，混凝土捣实质量不佳，拱部浇注间歇施工形成水平状工作缝等，都会造成衬砌质量不良，降低承载能力。

▶ 学习任务四　衬砌裂损整治

一、整治原则

（1）加强观测，掌握裂缝变形情况和地质资料，查清病因，对不同裂损地段，采用不同的工程措施。

（2）对渗漏水、腐蚀等病害，一并综合进行整治，贯彻彻底整治的原则。

（3）合理安排施工慢行封锁计划，尽量减少对正常运营的干扰。

（4）精心测量，保证加固后隧道净空满足隧道限界要求，确保锚喷加固衬砌、拱背压浆等项整治措施的施工质量。

衬砌裂损整治

衬砌裂损整治

二、衬砌裂缝处治方法

隧道承载力模型试验证明，开裂的衬砌仍然具有一定的承载能力。即便是严重裂损错台，并局部侵限的衬砌，在钢架的临时支护下，可采用凿除其侵限部分、加强网喷的办法来恢复和提高承载能力。所以，换拱、换边墙，一般情况下不宜采用。只有在衬砌严重变形、其断面大部分侵入建筑限界，必须拆除扩大限界的情况下，才采用更换衬砌的整治方法。

（1）干燥收缩裂缝治理。在刚发现初期立即加强覆盖并洒水养护，及时正确调整和严格控制混凝土配比，降低单位用水量，提高混凝土抗裂度。裂缝不严重时可不作专门处理。

（2）偏压引起开裂的治理。在查明偏压引起开裂后，立即采取地表卸压，力求达到受力平衡状态。在中墙受偏压产生裂缝时，应立即加强防偏压支撑，或采用回填方式处治。

（3）不良地基引起的裂缝。在地基不良时，采用小导管或中空锚杆注水泥浆加固地基。

（4）爆破外力等作用引起的裂缝。由外力作用使未完全固化的混凝土开裂，或模板台车装拆不当引起混凝土开裂，应在施工过程中，严格检查和加强预防措施，避免混凝土的意外损伤。

（5）小裂缝，又无渗水，可用水泥浆嵌补，或先凿槽后再用 1:1 水泥砂浆或环氧树脂砂浆涂抹。为防止砂浆固结收缩，可在制备砂浆时加入 $10\%\sim17\%$ 微膨胀剂。

（6）裂损严重，拱圈有多道裂缝，部分失去承载能力，原则上应拆除重建，一般用锚网喷或喷射早强钢纤维混凝土整治。

（7）开裂严重，但拱圈基本形状无较大变形时，可采用素喷或网喷混凝土整治。对严重裂损变形的隧道衬砌,作为临时的加固措施和施工安全防护措施,常使用钢拱架支护;当隧道净空足够时,可在衬砌内边架设;净空不富裕时,采用凿槽嵌入衬砌内。作为永久性加固措施;在净空富裕时,常采用在隧道内增设钢筋混凝土套拱加固;当衬砌严重裂损变形侵入隧道建筑限界地段时,采用更换衬砌的办法整治。但套拱与更换衬砌的办法都有施工进度慢、劳动强度大、工程费用高、行车干扰大等缺点,特别是爆破拆除旧衬砌时,不可避免地对围岩产生再一次扰动,导致地层压力进一步增大,塌方断道事故时有发生,不仅增加工程处困难,而且严重干扰正常运营。

(8)研究试验结果表明,对既有线模筑混凝土隧道衬砌三心圆尖拱式断面,常见的"马鞍形"不利荷载组合(即拱腰承受较大的地层压力,而拱顶空载情况),在采用钢筋网喷射混凝土加固受损衬砌的同时,还需要对拱背空隙压浆回填,以增加拱顶抗力,改善衬砌结构外部的受力条件。这也是提高既有隧道衬砌结构承载能力的重要措施。

(一)表面修补法

表面修补法适用于对承载能力没有影响的表面裂缝及深进裂缝的处理,亦适用于大面积裂缝防渗、防漏的处理。其中包括表面涂抹水泥砂浆法、表面涂抹环氧胶泥法、表面凿槽嵌补法、表面粘贴环氧玻璃布法、表面贴条法、扒钉铆合法等。

1. 表面涂抹水泥砂浆法

如衬砌混凝土裂缝宽度在 0.2～0.5 mm,且无明显的剪切滑移、渗水迹象,对结构的强度、刚度、稳定性会产生一定的影响,但不影响结构安全和正常使用,可采用直接涂抹法进行处理。

具体施工步骤如下:

(1)用凿除、喷砂、酸洗、钢丝刷洗、高压水或风冲等方法,清理裂缝周围的基面。

(2)将涂抹材料的各组分按比例调和、搅匀。

(3)用抹子、滚筒、尼龙刷、专用喷枪等工具将混合料涂刷或喷射到基面上。涂刷时应注意来回用力,以保证凹凸处都能涂上;喷涂时,喷嘴距涂层要近些,以保证灰浆能喷射进表面微孔或微裂隙中。一次涂刷厚度不宜超过 0.2 mm,且混合料应在规定时间用完。

(4)当需涂第二层时,一定要等第一层初凝后并呈潮湿状态时进行,如太干则应喷洒些水,对基面润湿。

(5)在夏季露天施工时,如温度超过 30 ℃,建议在早、晚进行,以防止涂抹材料过快干燥失水;如在冬季施工,温度低于 5 ℃时,应采用防冻措施,对于凹陷处,涂料堆积不宜过厚,否则会引起开裂。

(6)涂抹后必须加强养护,涂层初凝后宜用喷雾式方式来养护,防止洒水时破坏涂层。防护过程中应避免雨淋、霜冻、日晒、风吹、污水冲刷及 5 ℃以下的低温。露天施工用湿草袋覆盖较好,如果使用塑料膜作为保护层,必须注意架开,以保证涂层的"呼吸"及通风。

2.表面涂抹环氧胶泥法

隧道衬砌混凝土表面常出现一些没有扩展性的细微裂缝,这种裂缝是稳定的,一般可自愈,不会影响结构的使用和耐久性。从美观考虑,可先清洗干净裂缝表面,然后涂刷环氧树脂浆液两至三遍,最后用刮抹料、调色料处理混凝土表面,使其颜色与周围衬砌混凝土颜色一致。

环氧树脂浆液配比:m(环氧树脂):m(501稀释剂):m(二甲苯):m(乙二胺)=1:0.2:0.35:0.08。

刮抹料配比:m(水泥):m(细砂):m(水)=1:2:0.35。

调色料配比:m(水泥):m(白水泥):m(107胶)=5:3:1。

施工时应经试验确定。

3.表面凿槽嵌补法

如衬砌混凝土裂缝宽度在0.5~1.0 mm,且无明显的错动和渗水迹象,可采用凿槽嵌缝修补,具体施工步骤如下:

(1)用小扁凿沿裂缝凿开一道沟槽,槽宽2~5 cm,槽深根据裂缝深度确定,最大深度不得超过衬砌厚度的2/3,用钢丝刷清除缝内浮碴,并用高压风或吸尘器吹或吸干净缝内灰尘,保证缝内无水、干燥。

(2)在缝的两侧面和底面涂刷底胶,底胶厚度宜为0.3 mm左右,用涂刷方法铺匀。

(3)用配制好的接缝材料进行填缝,并捣固密实。目前嵌缝的主要材料有聚合物水泥砂浆、聚氨酯类和沥青胶泥类等,对于基面潮湿的裂缝,宜用水溶性材料。

(4)用防水砂浆或其他材料将裂缝表面抹平,并进行合理的养护。

(5)如裂缝有明显错动迹象,除采用凿槽嵌缝外,还应进行锚固注浆。

4.表面粘贴环氧玻璃布法

粘贴玻璃布一般采用无碱玻璃纤维织成,它比有碱玻璃纤维的耐水性好,强度高。玻璃布粘贴的胶黏剂多为环氧基液,必须对玻璃布进行除油蜡的处理,使环氧基液能浸入玻璃纤维内,提高黏结效果。除蜡时将玻璃布放在烘烤炉上加温到190~250 ℃,烘烤后将玻璃布放在浓度为2%~3%的碱水中煮沸约30 min,然后取出用清水洗净,放在烘箱内烘干或晾干。

玻璃布粘贴前要将混凝土面凿毛,并冲洗干净,使表面无油污、灰尘,若表面不平整,可先用环氧砂浆抹平。粘贴时,先在粘贴面上均匀刷一层环氧基液(不能有气泡产生),然后展开、拉直玻璃布,放置并抹平,使之紧贴在混凝土面上,再用刷子或其他工具在玻璃布面上刷一遍,使环氧基液浸透玻璃布并溢出。接着再在玻璃布上刷环氧基液,按同样方法粘贴第二层玻璃布。上层玻璃布应比下层玻璃布稍宽1~2 cm,以便压边。

5.表面贴条(防护板)法

防护板适用于开裂处和部分混凝土施工缝处,适用于由于局部的材料劣化,在比较狭小的范围内衬砌块有可能掉落的场合及设置拱架及内衬净空没有富裕的场合。

防护板是在比较狭小的范围的衬砌表面用锚栓等固定角钢、平钢和钢板等以防止剥落的方法,一般用于紧急补强和补修。由于与既有衬砌一体化,因而在某种程度上使衬砌的承载力得到加强。

采用角钢时,要充分考虑补强部位、补强范围,以决定构件长度、安装距离等,其应用原则如下:

①把劣化部分用平钢和型钢补强;

②使用兼有导水功能的半透明 FRP(玻璃纤维塑料)预制板;

③使钢板与衬砌成为一体,在一定程度上可增加衬砌的强度。

锚杆加强适用于开裂等集中、劣化和剥落特别显著的地方。对于明显地段的混凝土结构物,可采用钢板补强的方法。

(二)压浆修补法

压浆修补法是用压浆泵将修补用胶浆压入构件的裂缝中,待胶浆凝结、硬化后起到补强和恢复结构构件整体性的作用。这种方法适用于对结构整体性有影响,或有防水、防渗要求的裂缝修补。常用的灌浆材料有水泥和化学材料,可按裂缝的性质、宽度、施工条件等具体情况选用。压浆修补法包括水泥灌浆法、化学灌浆法等。

如衬砌混凝土裂缝宽度在 0.2~0.5 mm,且无明显的错动迹象,但有渗水现象发生,可采用直接注浆法修补,具体施工步骤如下:

(1)沿裂缝用电锤钻孔,孔直径 8~20 mm,间距 30~50 cm,深度 10~20 cm;

(2)安装注浆管,并用防水材料将注浆管周围封堵严密;

(3)采用速凝、早强、耐久性好的超细颗粒材料或化学浆材进行注浆,注浆流量应控制在 50 mL/min 以内,注浆终压应控制在 0.1~0.3 MPa;

(4)注浆后,将外露的注浆管头割除,并用防水砂浆抹平顺;

(5)注浆过程中,应注意观察裂缝宽度变化,防止压力过高造成裂缝扩展;

(6)如裂缝有明显的剪切滑移迹象,除采用埋管注浆法外,还应进行锚固注浆。

(三)拱部挂网、喷锚

衬砌开裂的原因不外乎两种,一是由于未能预料的外力作用造成开裂;二是由于先期的施工方法不适当造成衬砌混凝土表面开裂。对于未能预料的外力作用引起的衬砌混凝土开裂,必须首先消除外力影响,然后再来处理裂缝。而对于其他原因引起的衬砌开裂,应在围岩稳定后裂缝不再发展的情况下,根据裂缝的部位和开裂程度,分别采取如图 3-12 所示的整治措施。

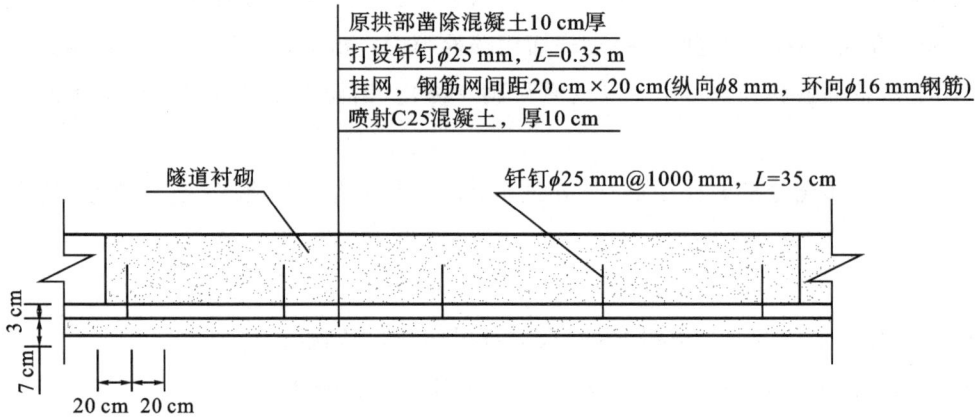

原拱部凿除混凝土10 cm厚

打设钎钉ϕ25 mm，L=0.35 m

挂网，钢筋网间距20 cm×20 cm(纵向ϕ8 mm，环向ϕ16 mm钢筋)

喷射C25混凝土，厚10 cm

隧道衬砌

钎钉ϕ25 mm@1000 mm，L=35 cm

3 cm

7 cm

20 cm   20 cm

图3-12　拱部挂网、喷锚断面示意图

(1)拱部较长范围纵横向交错裂缝，采取打设系统中空注浆锚杆、凿除表面混凝土、挂网、喷射混凝土的整治办法。对于设计为复合式衬砌的隧道，为防止锚杆打穿防水板，造成隧道漏水，建议只采用凿除表面混凝土、打设钎钉、挂网、喷射混凝土的整治办法，如图3-12所示。

(2)拱部小范围纵横向裂缝，采用沿裂缝两侧打设中空注浆锚杆、凿除表面混凝土、挂网、喷射混凝土的整治办法，锚杆布置如图3-13所示。挂网喷锚处置衬砌裂缝断面见图3-14。

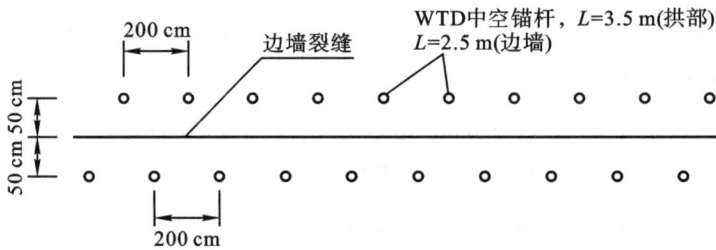

200 cm

边墙裂缝

WTD中空锚杆，L=3.5 m(拱部)

L=2.5 m(边墙)

50 cm 50 cm

50 cm

200 cm

图3-13　拱部、墙部裂缝加固示意图

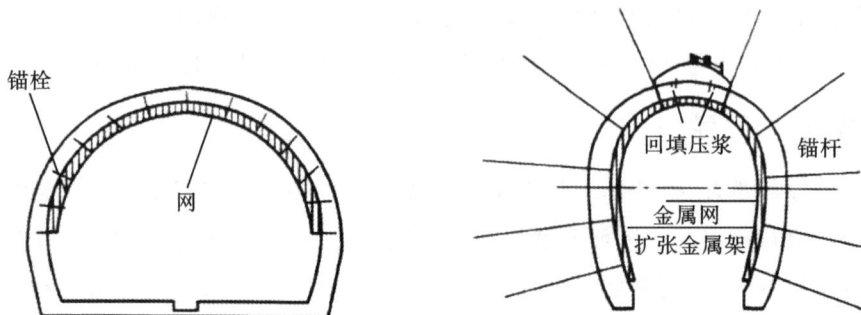

锚栓

网

回填压浆

锚杆

金属网

扩张金属架

图3-14　挂网喷锚处置衬砌裂缝断面图

挂网喷锚在设计、施工上应注意以下事项：

（1）使用材料：应选择网目细、重量轻，不给衬砌增加负担的金属网；网必须具有耐火性能；网应对漏水具有耐腐蚀性和耐久性（例如使用镀锌的金属制品）。

（2）前处理：施工范围内对电气设备有障碍的场合，应预先加以防护；应除去附在施工面上的煤烟、尘土及劣化部分。

（3）施工：金属网等的锚栓配置要适合，以免因列车风压而卷起；同时注意不要侵限。

（四）伸缩缝失效处治

隧道结构伸缩缝失效主要表现为伸缩缝处防水层破坏、混凝土开裂，严重时伴有渗漏水现象。失效主要是由于两端隧道沉降不均匀、变形过大等；在既有线的设备拆除过程中，由于结构荷载发生了变化，在地下水的浮力作用下，导致伸缩缝处混凝土被拉裂；另外，季节性温差、混凝土隧道伸缩缝设置间距不合理、混凝土后期养护不好等，都会导致混凝土收缩过大，将伸缩缝处的混凝土及防水层拉裂。在既有线工程中，伸缩缝失效的部位不多，但病害程度较重。对其的治理应首先控制隧道两端沉降，待沉降稳定后，对裂缝进行修复。

三、稳固岩体的工程措施

1. 治水稳固岩体

地下水的浸泡与活动对各种围岩的稳定性削弱最大。通过疏干围岩含水，并采取相应治水、引排措施，是稳固岩体的根本措施之一。

衬砌加固

2. 锚杆加固岩体

对较好的岩体，自衬砌内侧向围岩内打入一定数量和深度（3～5 m）的金属锚杆、砂浆锚杆，可以把不稳定的岩块固定在稳定的岩体上，提高破损围岩的黏结力，形成一定厚度的承载拱；在水平层状的岩石中把数层岩层串联成一个组合梁，与衬砌共同承受外荷载。对松散破损的岩体采用锚杆加固，不仅可以有效地控制岩体的变形和提高其稳定性，而且可以使岩体对衬砌的压力大小和分布图形产生有利的转化。

锚固注浆法：如隧道围岩为Ⅰ、Ⅱ、Ⅲ级，对于宽度在 1.0～5.0 mm，且密度较小的混凝土裂缝，主要采用锚固注浆法进行修补。

锚固注浆法主要是将带有裂缝的混凝土块体通过锚杆进行加固，固定在稳定的岩体上，以限制裂缝进一步发展，同时为了增加锚杆抗拔力，建议使用中空螺纹锚杆，并进行灌浆。锚杆注浆法的主要施工步骤如下：

（1）搭高作业台架，进行测量放线，标出锚杆孔位，锚杆间距控制在 1.0～3.0 m 为宜，且距孔口最近的裂缝不宜小于 50 cm，钻孔宜成梅花形布置，拱部间距应小一些，边墙可大一些。

（2）宜用 YT－28 风枪或锚杆机钻孔，开孔位置偏差不宜大于 5 cm，垂直度偏差应大于 1.5%。

（3）钻孔完成后，应用高压风、水将钻孔内岩粉吹、洗干净。

（4）安装锚杆，锚杆外表面宜带有螺纹，直径不宜小于 22 mm，长度以 3～6 m 为宜。

（5）在孔口附近安装止浆塞和排气管，进行压水或压入稀浆试验，检查止浆塞是否漏水，如漏水应进行处理。

（6）利用注浆泵通过杆体进行注浆，注浆材料一般情况下采用普通水泥浆或水泥砂浆；如地层孔隙率太小，难以注入时，可注超细水泥浆；如地层中水量较大，可注入水泥-水玻璃双液浆或化学浆液。

（7）排气孔出浆后，且注浆压力达到 0.3～0.5 MPa 时，可结束注浆。

（8）待砂浆达到一定强度后，锚杆末端应安装垫板并用螺丝帽上紧，如设计为预应力锚杆，则在上螺帽之前应进行张拉，达到设计拉拔力后进行锚固。

3. 注浆加固岩体

通过向破损松动的岩体压入水泥浆液和其他化学浆液（如铬木素、聚氨酯等）加固围岩，疏散地下水对围岩的浸泡与渗入衬砌，使衬砌背后形成一个 1～4 m 厚的人工固结圈，就能有效地稳固岩体，防止地下水的渗入，甚至使作用在衬砌上的地层压力大小和分布图形产生有利的转化，有利于衬砌结构的受力和防水。

4. 支挡加固岩体

对靠山、沿河偏压隧道或滑坡地带，除治水稳固山体外，亦可采取支挡措施，包括设支挡墙、锚固沉井、锚固钻（挖）孔桩等，来预防山体失稳与滑坡。这种工程措施只能用于洞外防治。

5. 回填与换填

如果衬砌外周围存在着各种大小的空隙（如超挖而没有回填等），不仅对地层压力分布图形产生不利影响，而且使得衬砌结构失去周边的有利支撑条件，不能使衬砌的承载能力得到更大的发挥。此时应采取回填措施，用砂浆或混凝土将围岩空隙回填密实。如果隧底存在厚度不大的软弱不稳定的岩体或有不稳定的充填物，可以采取换填办法处理。

四、衬砌更换与加固

整治衬砌裂损病害，首先要消灭已有的衬砌裂损对结构及运营的一切危害，并防止裂损扩大。其次是采取以稳固围岩为主，稳固岩体与加固衬砌相结合的综合治理措施。稳固围岩的工程措施有治水稳固岩体、锚杆加固岩体、注浆加固岩体、支挡加固岩体、衬砌背后空洞压浆、回填和换填等；衬砌更换与加固的方法有压浆加固、嵌补加固、喷锚加固、套拱加固、更换衬砌等。

衬砌更换

已裂损的衬砌一般均有相当大的支护潜力，可以充分利用，仅在没有加固条件或经济上不合理的情况下，或者根据长远技术改造规划的要求，才采用更换衬砌的办法。

加固工程的主要方法如下。

(一)嵌补加固

对已呈稳定、暂不发展的裂隙,如果不能采取压浆加固者,可以采取嵌补,即将裂缝修凿剔深,在缝口处用水泥浆、环氧树脂砂浆或环氧树脂混凝土进行嵌补。对发展较快的裂损,为确保安全,可以采取钢拱架临时加固。只加固拱部时用上部拱架加固,拱架脚可以嵌入墙顶或支撑于埋在墙顶的牛腿上,并加纵向连接;如果要全断面加固则可用长腿钢拱架。为了增加纵向抗弯能力,支撑纵向应加强连接,如果隧道内部净空条件不足,钢拱架可以部分或全部嵌入被加固的圬工体内,并在钢拱架之间再加纵向连接,然后灌注混凝土,做成薄套拱形。此法在衬砌厚度太薄或衬砌严重破损碎裂时不能采用。

(二)表面粘贴

利用树脂类材料将碳纤维粘贴到衬砌混凝土表面,形成复合材料,它通过与混凝土之间的协同工作,达到封闭裂纹、加固补强及改善受力性能的目的。实验表明,通过黏结树脂(通常为环氧树脂)将纤维布粘贴于需补强的结构物表面能够显著地增大结构的刚度、屈服载荷和极限承载能力。碳纤维材料具有耐腐蚀、高强度、轻质量和非磁性的特点。该方法具有轻质高强、耐腐蚀性及耐久性好、施工速度快、适用面广、不影响外形美观等优点,尤其是在加固过程中能保证隧道的正常使用,减少不必要的经济损失。当衬砌需要提高较大承载力时,可以采用粘贴多层碳纤维布进行加固,也可以采用碳纤维板进行加固。

(三)喷锚加固

对裂损衬砌的所有内鼓变形和内向移动的裂损部位,采用(预应力)锚杆加固岩体是有效的,此时锚杆既可沿内缘张裂纹的走向两边布置,做局部加固,也可做全断面加固,将衬砌与岩体嵌固在一起,形成一个均匀压缩带,以增强围岩的稳定性,提高支护结构的承载能力。采用此法时应检查衬砌厚度、背后超挖回填及围岩整体性情况。锚杆的设置应在衬砌背后压浆后两个星期进行。锚杆的锚固段应设在稳定围岩中,对于衬砌上的裂纹要及时嵌填。喷混凝土可以使所有已裂损的圬工块体紧密结合,阻止这些块体的松动,同时在喷射压力作用下嵌入裂缝内一定深度,使裂缝重新闭合,增强裂损衬砌的整体性,较大幅度地提升裂损衬砌的承载能力,达到加固的目的。必要时也可以在喷层中加入钢筋网,用于防止收缩裂纹,提高加固结构的整体性和抗震、抗冲切能力。喷锚加固是较为常用的加固衬砌裂损的措施。

1. 锚杆支护技术

锚杆具有悬吊作用、组合梁作用、紧固作用及均匀压缩拱作用,在隧道结构产生病害部位安设铺杆,可有效提高围岩的整体承载能力,将已产生裂纹的衬砌混凝土与已加固的围岩结合在一起,阻止衬砌结构的进一步破坏。

利用锚杆的悬吊、组合梁、减跨、挤压加固作用,将已产生病害的衬砌结构与已加固的围岩体连为一体,增加衬砌结构的承载能力,抑制衬砌变形的发展。锚杆加固设计时应查明衬砌实际厚度及拱背超挖回填情况,锚杆有效长度一般应穿过回填材料到达围岩体内一定深度。另外,在设置锚杆前,应先对衬砌背后空洞或松散体进行注浆充填。

2. 喷射混凝土加固

相关试验研究表明,用喷射混凝土对裂损衬砌进行加固,不仅恢复了衬砌的整体性,而且承载能力比原来未裂损的衬砌有不同程度的提高。

采用素喷对轻微裂损衬砌拱加固后,拱的极限承载能力比原来衬砌拱提高将近 1 倍;采用网喷对临近失稳的衬砌拱加固后,拱的极限承载能力可比原来衬砌拱提高 1.3 倍左右。

(四)套拱加固

当原衬砌虽裂损比较严重,但仍有一定的承载能力,而且净空断面存在缩小的可能时,可考虑采用套拱方案进行处治。采用套拱方案有两个优点,一是能较大地提高衬砌结构承载能力;二是能重新设置防排水系统,对渗漏水进行彻底地处治。套拱厚度根据病害严重程度确定,一般为 20~35 cm。套拱一般采用钢筋混凝土,与原衬砌之间应用 ϕ16~20 mm 钢筋钎钉连接,钎钉须埋入原衬砌内 20 cm 左右。套拱混凝土浇筑前,须对原衬砌侵限部分进行凿除和表面进行凿毛清洗。

如果混凝土质量差、厚度不够,或受机车煤烟侵蚀,掉块剥落严重,并且拱顶净空有富余时,可对衬砌拱部或全断面加筑套拱。如果隧道内净空条件不足,可以采用落道套拱的办法。套拱与原衬砌间用 ϕ16~18 mm 的钢筋钎钉锚接,钎钉埋入原拱 20 cm 左右作为钢筋的生根处。套拱中的主筋也可用钢拱架、格栅来代替,其间距为 50~80 cm,纵向用拉杆焊接。套拱用强度等级不低于 C20 的混凝土灌注,其厚度为 20~30 cm。套拱拆模后要进行压浆,以填充其背后空隙,使新旧拱圈连成整体。当拱部灌注混凝土难度较大时,可以采用素喷混凝土、网喷混凝土或喷钢纤维混凝土进行加固。事实上,套拱加固已日益被喷锚加固所代替。

1. 套衬技术

病害治理中如衬砌产生的裂缝不密集,尚不足以危及隧道结构安全,经加固后仍有较强的承载能力,而且存在净空断面缩小的余地,在安设锚杆、注浆加固的基础上,可以考虑施作套衬。套衬就是在既有衬砌内表面再灌注一定厚度的混凝土,与既有衬砌共同承担围岩压力。套衬可以有效地阻止既有衬砌进一步裂损变形,同时可起到防水的作用。

2. 套衬补强法

套衬补强即在原隧道衬砌外侧再施作一道混凝土或钢筋混凝土衬砌,由于套衬不宜太薄,因此对于净空要求不太严格的隧道才能这样做,而对于净空不允许减小的隧道则不能这样做。

如隧道围岩为Ⅳ、Ⅴ、Ⅵ级,对于宽度在1.0~5.0 mm,且密度较大,但无明显错动迹象的混凝土裂缝,主要采用套衬补强法。套衬补强后,由于增加了混凝土厚度,改变了衬砌截面中性轴的位置,提高了衬砌的强度、刚度和整体性,故隧道稳定性得到加强。

套衬补强的主要施工步骤如下:

(1)将原衬砌表面凿毛、冲净,并在边墙部位施作单排或双排植筋钻孔,钻孔直径不宜小于22 mm,孔距以20 cm左右为宜。

(2)在原衬砌表面涂刷界面剂或黏结剂,以加强新旧混凝土的黏结。

(3)工作台架就位,按设计要求绑扎钢筋。

(4)模板架设,灌注混凝土,混凝土宜用细石混凝土,标号不宜低于C25,厚度不宜小于20 cm。

(5)待混凝土达到设计强度的70%以上时,可拆模、养护。

(6)由于套衬混凝土厚度较薄,一般情况下,拱部混凝土很难灌注密实,建议待混凝土达到设计强度后,进行回填灌浆,灌浆宜采用水泥砂浆,压力应控制在0.3~0.5 MPa。

(五)更换衬砌

拱部衬砌破坏严重,已丧失承载能力,用其他防治补强手段难以保证结构稳定,或者衬砌严重侵入限界,采用其他防治措施有困难时,可采用全拱更换,彻底根除病害。

1.结构抽换技术

如果隧道衬砌结构裂缝交错分布,密度较大,并伴有片块剥落,严重错台,侵入净空限界使原衬砌失去使用功能,则应考虑拆除旧的衬砌结构,重新施作新的衬砌。结构抽换过程中,必须采取如下措施,保证施工和隧道结构安全:

(1)架设钢架支撑,抑制结构变形发展;

(2)注浆加固围岩,并利用注浆管悬吊既有裂损衬砌;

(3)运用静态破碎及控制爆破技术拆除既有裂损混凝土,并严格控制开挖进尺;

(4)及时施作初期支护并加强监控量测。

2.换拱

当衬砌结构承载能力严重不足,采用其他加固措施无法满足要求,而套拱方案又由于建筑限界的制约行不通时,可采用换拱方案进行彻底处治。换拱是指拆除旧的衬砌结构,重新施作新的衬砌。换拱的范围可以是全断面,也可以是局部。由于换拱须拆除原衬砌结构,在拆除过程中易发生坍塌等事故,因此,必须采取以下措施保证施工和结构的安全:

(1)先对围岩进行注浆加固,并利用注浆管悬吊既有病害衬砌;

(2)运用静态破碎及控制爆破技术拆除原有衬砌混凝土,并严格控制拆除长度;

(3)及时架设钢拱架,抑制结构变形发展;

(4)及时施作初期支护并加强监控量测。

3. 换边墙

如二次衬砌混凝土拱、墙出现局部拉裂、压溃、掉块或出现宽度为 5.0～10 mm 的裂缝,可采用局部凿除补强法,根据围岩稳定或原初期支护破坏情况,可打锚杆、挂网、喷射混凝土,具体做法如下:

(1)采用机械凿除或静态破碎的方法拆除局部裂损、压溃部位,并用高压风或高压水将岩面或原初期支护表面冲刷干净。

(2)在凿除部位打锚杆,挂单层或双层钢筋网(如喷素混凝土),根据围岩稳定情况确定锚杆长度,锚杆尽量锚固在完好岩层上。

(3)根据围岩或原初期支护稳定情况,采用干喷法或湿喷法,喷射素混凝土或钢纤维混凝土,如喷射厚度较大,应分多次喷射,每次喷射厚度边墙不宜超过 10 cm,拱部不宜超过 6 cm。为了提高混凝土的防水性能,最好掺入防水剂、抗裂剂等混凝土外加剂,以改善喷射混凝土的防水效果。

(4)当喷射面距离原衬砌内表面 3～5 cm 时,用防水砂浆涂抹,以增强防水能力。对于受拉破坏的部位,尽量喷射钢纤维混凝土,由于钢纤维在混凝土中纵横交错均匀分布,大大提高了喷层的抗拉、抗压、抗弯强度、耐久性及喷层与岩层的黏结力,减少了喷层收缩裂纹的产生,提高了喷层的抗渗性,增强了防水效果。

根据测试,钢纤维喷射混凝土的抗压强度一般可达到 60～70 MPa,最高达 100 MPa,单轴抗拉强度 4～5 MPa,抗弯强度 8～10 MPa,黏结力提高 50%,耐久性增大 5～10 倍,抗冲击能力提高 3～8 倍。这些指标均已超过钢筋网素喷混凝土,而且它还能够提供比后者更高的承载能力,成本却增加不多,特别适用于松软、破碎、大变形和承受动载作用的围岩和产生拉、压或剪切破坏的隧道二次衬砌修补。

4. 拆除重建法

如隧道二次衬砌拱、墙的某一段或某一局部混凝土上出现多条纵向、环向或斜向裂缝,相互交叉,将衬砌分成大大小小的块体,且主要裂缝的宽度在 10 mm 以上,很可能造成混凝土局部坍塌、掉块,可采用拆除重建法进行整治。

拆除重建法即拆除隧道既有的二次衬砌结构,施作新的素混凝土或钢筋混凝土结构,具体做法如下:

(1)作好铁路或公路要点计划或交通管制,切断高压电源,并建立严密的防护、警戒体系,以保证作业安全。条件允许时,尽量关闭交通进行整治。

(2)在严重破碎地段,设置 U 形钢护拱,以防止结构突然恶化,危及行车或施工安全。

(3)将作业台架或活动作业平台车移至拆除部位附近,进行既有衬砌拆除作业。拆除应采用控制爆破、静态破碎和机械凿除相结合的方法,分段、分片拆除,每循环拆除长度不宜超过

1.5 m,同一循环中应分成4~6片拆除。如采用控制爆破,应合理控制总炸药用量和单段最大起爆药量及堵塞方式,以减小飞石或爆破震动对既有衬砌的影响。

（4）对于采用复合式衬砌的隧道,拆除后,如原初期支护已破坏或围岩稳定性较差,应立即进行喷锚作业,以防止围岩失稳和落石危及行车和施工安全。

（5）如原支护结构较好,且围岩比较稳定,不会发生落石,可初喷3~5 cm后,继续进行拆除作业;如围岩稳定性较差,应按设计图纸完成喷锚支护后,再往前进行喷锚作业。

（6）在拆除过程中,应加强对原衬砌结构和新支护结构的量测工作,及时掌握病害发展情况及围岩和新支护结构稳定信息,以便调整病害整治方案,修正设计和施工参数。

（7）通过监控测量,确认初期支护基本稳定后,可进行二次衬砌作业。如在通车的情况下进行二次衬砌混凝土灌注,应将台架固定牢固,防止上下跑模。

（8）二次衬砌混凝土达到设计强度后,应进行回填灌浆,保证施工部充填密实。

（六）注浆加固

注浆可以填充拱背（墙背）空隙,约束衬砌变形,固结稳定衬砌背后松散围岩,填充衬砌裂缝孔隙,因此对衬砌背后空洞采用注浆是惯用的方法。

1. 开裂压注

衬砌裂损发展非常缓慢或者已呈稳定时,可以进行衬砌内压浆,一般以压注环氧树脂浆为主,并选择在无水季节施工。开裂压注适用于有可能块状化的开裂地点。一般来说,开裂压注是向开裂处压注注浆材料,使因开裂而降低的刚性得到某种程度恢复。在素混凝土衬砌的场合,即使发生开裂,通常认为结构体是十分安全的。因此,开裂压注的目的是用压注注浆材料确保衬砌的一体性（要注意这与钢筋混凝土结构的目的是不同的）。压浆填充拱背空隙,是改善衬砌受力状态,提高衬砌承载能力的一项必要措施。隧道压浆耗费水泥量较大,为了节省水泥和投资,可选用水泥粉煤灰砂浆、水泥沸石粉砂浆、水泥黏土砂浆等可灌性好,抗渗性、耐腐蚀性较好的廉价材料。

（1）开裂压注的方法。

①手动式压注法。手动式压注方法是在开裂处安设压注管,采用泵进行压注。该方法比较简单,但掌握压注量比较困难。

②自动式压注法。自动式压注法是利用橡胶、弹簧、空气压力等,用一定压力（低压）把树脂压入。该方法能够压注微细（例如 0.02 mm）的开裂,如图3-15所示。压注量的管理是通过压注器具进行的,比较容易。

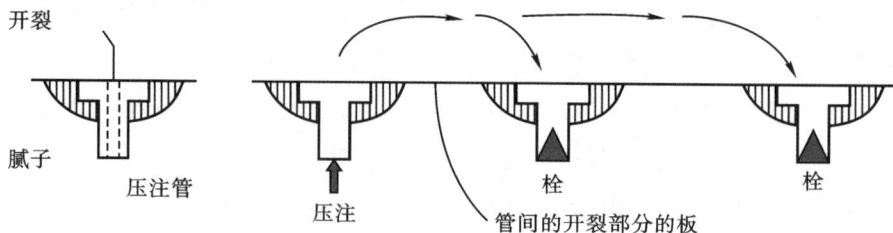

图 3-15 开裂宽度小的场合压注实例

③机械式压注法。机械式压注法是在开裂处安设压注管,用自动混合机进行压注。因为是机械压注,所以能够采用比较高的压注压力,但掌握压注量也比较困难,而且压注材料易于泄漏。

④其他方法。把压注材料按配比进行混合搅拌,并充填到压注机具中(自动压注的场合),进行压注。

(2)一般来说,开裂压注的施工步骤如下:沿开裂 5 m 左右的宽度,用器具把灰尘等除去;将压注管安设在开裂部位的中心;开裂部位安设板材并进行养护;把压注材料按配比进行混合搅拌并充填到压注机具中(自动压注的场合),进行压注,养护,拆除压注机具、压注管等,并整干表面。低压自动压注方法,一般压注压力约 40 MPa,一次压注量约 40~60 mL,如图 3-16 所示。

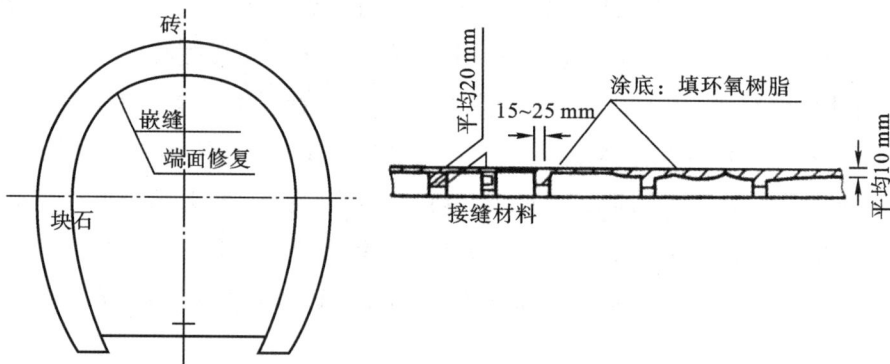

图 3-16 嵌缝施工方法

(3)在设计、施工中应注意以下事项:注浆材料一般有无机和有机两种,各有特点。游离石灰和钢筋混凝土衬砌会出现锈迹点,也可能出现附着不良情况,要加以注意。施工时注浆可能从背后流出,要对压注压力和压注量进行充分的管理。有机系注浆材料从与混凝土的附着性和耐碱性来看,环氧树脂、聚酯树脂是比较好的,同时也能够压注到微细开裂中,但要注意根据衬砌表面的干湿状态选择注浆材料。无机系注浆材料黏度低,用低压力进行注浆即可获得所要求附着力。

2. 拱背注浆

衬砌背后压浆加固主要是针对衬砌的外鼓和整体侧移。在拱后压浆增加拱的约束可以提高衬砌刚度和稳定性,一般可以局部应用,主要在发生外鼓变形的部位使用。如果衬砌同时存在外鼓与内鼓部位,应先采取临时措施控制内鼓继续变形,然后在外鼓变形的部位压浆加固之后再对内鼓采取加固措施,最后再对全断面进行整体加固。

压浆填充拱背空隙是改善衬砌受力状态,提高衬砌承载能力的一项必要措施。对于结构破坏严重或拱背存在空隙或空洞的路段进行注浆充填,一方面使衬砌与围岩紧密结合、荷载作用均匀,增强围岩弹性抗力,改善衬砌结构的约束条件,起到约束围岩进一步松弛的作用;另一方面能充填围岩孔隙,起到止水的作用。

拱背注浆设计一般采用长 2.5～4.5 m 的 $\phi42$ mm 小导管径向注浆(见图 3-17),环向和纵向间距根据围岩空隙情况确定,一般为 1.0～3.0 m,呈梅花形布置,注浆材料分为水泥单液浆、水泥-水玻璃双液浆、水泥砂浆等。

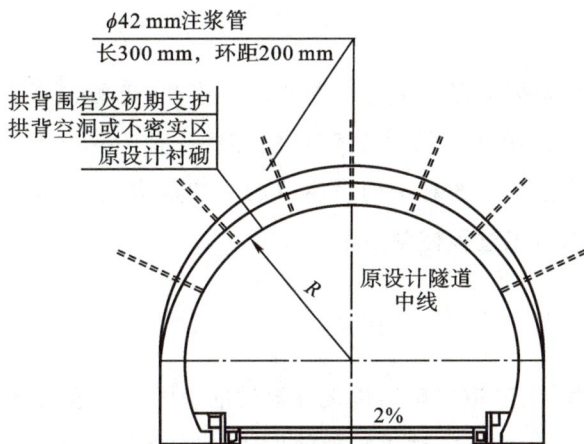

图 3-17 拱背注浆加固断面图

3. 背后空洞注浆

注浆技术通常用于加固地基和隧道周围的地层,其作用原理主要是通过填充、渗透、挤压和黏结作用使原来松散的岩土体胶结成整体,形成强度高、防渗和化学稳定性好的固结体,可提高地基和围岩地层的承载力。注浆可以填充拱背(墙背)空隙、约束衬砌变形、固结稳定衬砌背后松散围岩、填充衬砌裂缝孔隙。对衬砌背后空洞及周围地层注浆的另一作用是可阻塞渗水通道,可防止在流动水作用下隧道周围的岩土体发生水土流失的现象,以及可减少地下水中侵蚀性介质的含量,以利提高衬砌结构的耐久性。因此,对衬砌背后空洞采用注浆是比较常用的方法。

用于注浆的浆液一般是纯水泥浆或水泥砂浆,在压力作用下进入松散岩土体中的裂隙或孔隙,形成不规则的脉状结石,进而形成网状骨架,使岩土体胶结成整体,同时使其渗透性降低。注浆一般有劈裂注浆和超前导管注浆。劈裂注浆的机理是在注浆压力作用下,向注浆孔压入浆液,以便克服初始地应力和抗拉强度,使地层在垂直于最小主应力的平面上发生劈裂,由浆液充填裂缝。在密实度均匀的土体中,浆液将均匀扩散,从而将扩散半径范围内的土体压密并胶结在一起,同时将扩散半径外一定范围内的土体压密,由此形成加固带。

浆液配比及注浆压力是控制注浆效果的关键因素。浆液的配制应考虑注浆对象的可塑性及裂隙的特性。如岩体注浆主要是对破碎岩体的裂隙进行注浆,要求能产生黏结力,以达到稳定围岩和堵塞水流通道的目的;土体注浆则要求浆液在土体内均匀扩散,在注浆孔周围满足设计扩散半径的要求。因而二者应采用不同特性的浆液。注浆压力是控制浆液流动和扩散的主要因素,是浆液流动、充填、压密注浆对象的动力,其大小应根据注浆对象和浆液浓度确定。

▶ 学习任务五　衬砌裂损的预防

衬砌裂损的预防包括未裂损混凝土怎样防止裂损发生,已裂损混凝土怎样控制裂损部位的增加、范围的扩大及危害程度的加剧。整治衬砌裂损病害首先要消除已有的衬砌裂损带来的对结构及运营的一切危害,并防止再加大裂损。衬砌裂损的预防以施工过程控制为主。

衬砌裂损预防
及综合案例

衬砌裂损预防

一、勘察设计措施

要加强地质勘探工作,为隧道衬砌结构设计提供准确的工程地质与水文地质资料。可采用地质雷达探测、开挖面超前钻探等方法进行超前地质预报,加强施工中的地质复查核实工作,正确选择施工方法和衬砌断面;对不良地质地段衬砌,应贯彻"宁强勿弱、宁曲勿直、加强衬砌过渡段、宁长勿短"的设计原则,保证工程安全。

二、施工控制措施

采用先进的施工技术设备,尽量减少施工对围岩的扰动,提高衬砌质量。大力推广光面爆破、锚喷支护,提高素喷混凝土永久性衬砌的抗裂、抗渗性能。采用模板台车进行混凝土模筑,进行壁后压浆,提高混凝土衬砌与围岩之间的密实性。

(一)严格控制原材料进场的质量和技术标准

1.水泥

(1)宜选用硅酸盐水泥或普通硅酸盐水泥,混合材宜为矿渣或粉煤灰。不宜使用早强水泥。

C30 以下混凝土,可采用矿渣硅酸盐水泥、粉煤灰硅酸盐水泥和复合硅酸盐水泥。

(2)在氯盐环境下,应采用氯离子含量低的水泥,不宜使用抗硫酸盐硅酸盐水泥。

(3)当为硫酸盐化学侵蚀环境时,应选择熟料中 C_3A(铝酸三钙,$3CaO \cdot Al_2O_3$)含量低的水泥;在严重腐蚀环境下,所用水泥熟料中 C_3A 的含量应小于 6%,胶凝材料的抗蚀系数不得小于 0.80。

(4)硅酸盐水泥和普通硅酸盐水泥的技术要求应满足《铁路混凝土工程施工技术指南》(TZ 210—2005)表 6.3.1 的规定,其他品种水泥应满足《通用硅酸盐水泥》(GB 175—2020)的规定。

2. 细骨料

应选用级配合理、质地均匀坚固、吸水率低、空隙率小的洁净天然河砂,也可选用采用专门机组生产的人工砂,不得使用海砂。配制混凝土时宜优先选用中砂,细度模数控制在 3.0～2.3。

3. 粗骨料

应选用级配合理、粒形良好、质地均匀坚固、线胀系数小的洁净碎石或碎卵石。C40 以下强度等级混凝土也可采用卵石。粗骨料的最大公称粒径不宜超过钢筋的混凝土保护层厚度的2/3(在严重腐蚀环境条件下不宜超过 1/2),且不得超过钢筋最小间距的 3/4。

4. 水

混凝土拌和用水可采用饮用水,不得采用海水,当使用其他来源的水时,其技术要求应满足《铁路混凝土工程施工技术指南》表 6.3.7 的规定。养护用水其他技术要求应符合表 6.3.7 的规定。养护用水不得采用海水。

5. 掺合料

推广掺加粉煤灰和膨胀剂的双掺技术,等量替代水泥,以减少水泥用量。对强度等级 C25 以下的混凝土,粉煤灰掺量一般为水泥用量的 10%～15%,膨胀剂掺量为水泥用量的 8%～12%,具体掺量需经试验确定。

6. 外加剂

高效减水剂能够有效减少拌和用水、降低水化热、延缓水化热释放速度,从而减少温度裂缝,但掺量过多会引起混凝土的膨胀和开裂。施工时必须慎重选择外加剂的品种和掺量。

(二)严格控制混凝土施工工艺

(1)提高钻眼技术水平,优化钻爆参数,提高光面爆破效果,加强隧道开挖断面检测,严格控制超、欠挖,为衬砌施工创造良好的条件。

(2)二次衬砌施作时间,应在围岩和初期支护变形基本稳定时进行。当围岩变形较大、流变特性明显,需提前进行二次衬砌时,必须对初期支护或衬砌结构进行加强。

（3）混凝土的拌和。

①严格按施工配料单计量，定期检查校正计量装置。加强砂石料含水率检测，及时调整拌合用水量。

②控制混凝土的入模温度。夏季施工时，当气温高于 32 ℃时，砂石料、搅拌机应搭设遮阳棚，用冷水冲洗碎石降温，尽量安排在夜间浇筑混凝土。

（4）混凝土的灌注。

①混凝土在运输和泵送过程中严禁加水。

②适当放慢灌注速度，两侧边墙对称分层灌注，到墙、拱交界处停 1~1.5 h，待下沉稳定后，再灌注拱部混凝土。

③混凝土灌注过程中必须振捣，提高混凝土的密实度和均质性，减少内部微裂缝和气孔，提高抗裂性。

（5）混凝土的脱模、养护。

①混凝土拆模时的强度必须符合设计或规范要求，未经试验人员同意严禁提前脱模，脱模时不得损伤混凝土。

②传统的混凝土洒水养护方法，增加了隧道内的施工难度，且洒水不均也使早期强度得不到保证。当前常使用雾炮机对混凝土进行养护。

案例分析

衬砌裂损治理

一、基本情况

某铁路单线隧道全长 3 307 m，竣工于 1973 年。由于该线路二线施工，新建隧道距离既有隧道仅 20 m 左右。自新线隧道施工开始，由于施工单位在隧道内进行放炮作业，导致既有隧道衬砌多次发生开裂、掉块病害。

2008 年 4 月，既有隧道右侧大避车洞内衬砌环向开裂，部分地段右侧拱顶出现衬砌开裂，局部外鼓，部分地段边墙开裂、空鼓，呈破碎块状，见图 3-18。

图 3-18　衬砌破损

二、整治措施

(1)大避车洞内设置 2 榀全环 I16 工字钢架,钢架间采用 $\phi22$ mm 纵向钢筋进行连接,纵向钢筋环向间距 1.5 m。为确保既有结构安全,采用大避车洞内壁立模灌注 30 cm 厚 C25 耐腐蚀混凝土套衬(含避车洞背墙),并于套衬内设置全环双层钢筋网,钢筋网环筋采用 $\phi16$ mm 钢筋,纵筋采用 $\phi10$ mm 钢筋,钢筋网格间距为 0.2 m×0.2 m,钢筋网净保护层厚度不小于 4 cm,避车洞墙脚出水点采用 $\phi100$ mm PVC 管接至边墙侧沟内排出。

(2)对于拱墙已出现裂缝的段落两端各延长 5～10 m,采用凿除 8 cm 厚混凝土,喷锚网进行防护,见图 3-19。

①凿槽范围为起拱线上、下各 1.2 m,槽深 8 cm。

②施作 $\phi32$ mm 锚管,并对衬砌背后不密实地段进行回填注浆。$\phi32$ mm 锚管长 3 m,注浆压力为0.4～0.5 MPa,注浆材料水灰比为 0.6:1～0.8:1。施工中,注浆应按从上到下的顺序进行,压力逐渐增大。当围岩地下水为侵蚀性环境时,所用材料应根据侵蚀环境类型采用耐侵蚀材料。压浆时,应对既有衬砌裂缝进行观察,以防衬砌破坏坍落,确保施工及运营安全。锚管管身焊接 $\phi4$ mm 钢环,尾部设置垫板。

③挂设 $\phi10$ mm 钢筋网片,钢筋网格间距为 10 cm×10 cm,将其与 $\phi32$ mm 锚管尾部垫板焊接良好。钢筋网应在洞外焊接成网片。

④喷 C20 弱膨胀混凝土嵌补,喷层表面应平整,必要时可在表面抹水泥砂浆。嵌补前应用钢丝刷刷除既有混凝土结构表面虚碴,以保证其与喷射混凝土的良好结合。

⑤为提高喷射混凝土的力学性能,喷射混凝土掺入改性聚丙烯微纤维,掺量为每立方米喷射混凝土 0.9 kg。微纤维之抗拉强度不小于 340 MPa;杨氏弹性模量不小于 3500 MPa;断裂伸长率 10％～20％,含优化助剂率 5％～10％。

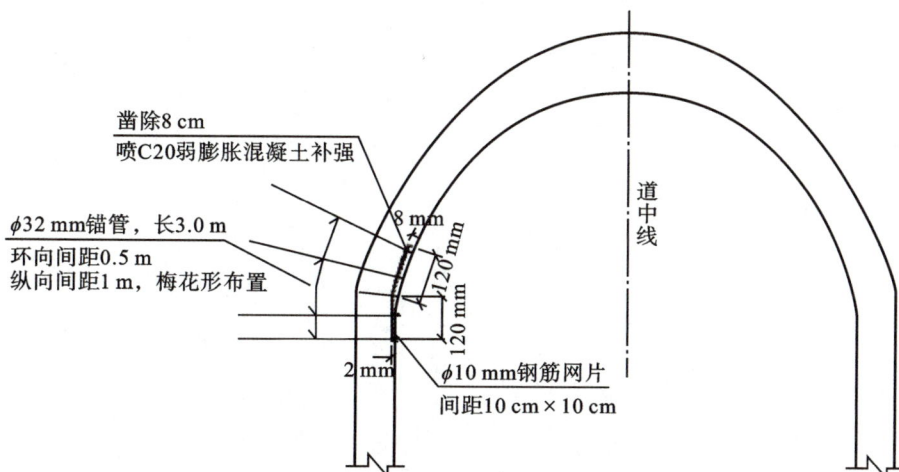

图 3-19　拱墙结合部位衬砌嵌补图

技能 训练

　　1.隧道衬砌裂损病害的类型有哪些？

　　2.简述衬砌开裂的几种类型。

　　3.衬砌裂缝宽度与分级有哪些？

　　4.如何描述衬砌裂损部位？

　　5.分析衬砌裂损原因。

　　6.衬砌更换与加固有哪些措施？

　　7.稳固岩体工程措施有哪些？

　　8.衬砌裂缝处治方法有哪些？

　　9.衬砌裂损施工方面的原因有哪些？

冻害及整治

教学目标

知识目标

1. 了解隧道常见冻害的种类;
2. 熟悉隧道冻害的成因;
3. 掌握隧道冻害防治的方法。

技能目标

1. 具备分析隧道冻害成因的能力;
2. 具备选定隧道冻害防治方法的能力。

素质目标

1. 具备沟通协调的能力;
2. 具备自主学习的能力;
3. 具备灵活思考、处理和分析信息的能力。

任务导入

20世纪80年代以前修建的隧道,因技术、材料原因,缺少必要的抗冻、防渗、排水措施,部分隧道因冻害致衬砌开裂、变形、结构破坏,严重威胁行车安全。东北某隧道为复合式衬砌,隧道口受冬季极低气温的影响,伴随着渗漏水病害,出现了衬砌挂冰、隧道底积水结冰、排水系统被冻等冻害,后期可能发展为衬砌被冻开裂、结构破坏、衬砌冻胀变形、洞门墙冻胀开裂等。试分析冻害发生的原因及如何整治冻害。

任务实施

隧道冻害主要指隧道拱部、边墙挂冰,轨道出现冰丘等,冻害存在主要是由于渗漏水和温度低的原因。不仅隧道冻害对铁路隧道行车界限构成威胁,而且围岩冻害还会使支护结构发生冻胀作用,影响结构的安全稳定性。实践表明,隧道的冻害治理主要是解决防排水和防冻胀问题。

本情境主要阐述隧道冻害的成因、整治方法和预防措施。

学习任务一　　冻害成因

冻害形成的主要原因是:寒冷气温的作用和季节冻结圈的形成(如果隧道的排水设备在隧道的冻结圈内,则冬季易发生冰塞;如果在冻结圈内围岩的岩性是非冻胀性土,则不会发生冻胀性病害)。

一、隧道衬砌冻胀变形破坏机理

引起隧道变形破坏的外力很多,有塑性压力、松弛压力、偏压和冻胀压力等,更多的是以上几种外力的复合作用。但在寒冷地区,隧道因围岩冻胀而变形破坏的原因较为普遍和显著,围岩的冻胀现象是隧道产生变形的主要外力来源。隧道因冬季围岩冻结所引起的变形,即使在夏季也并不能完全恢复,通常是残余变形累积而成为大的变形,并最终导致隧道衬砌的失稳破坏。

围岩的冻胀导致隧道衬砌的失稳破坏体现在以下两个方面。

1. 围岩的冻融循环是造成隧道衬砌失稳破坏的基本因素

有关试验表明,岩石在较低温度下的抗压强度与抗拉强度比正常温度下有所增加,而且这种趋势在潮湿的岩石中比在干燥的岩石中要显著得多。在低温下岩石强度增加的原因有两点:

(1)由于孔隙中水的冻结减少了有效孔隙率而导致表观强度增加。

(2)由于表面张力和冰的强度随温度降低而增加,在孔隙中某些部位的水甚至在 0 ℃ 以下也没有冻结。

然而,反复的冻融循环对岩石物性与隧道衬砌的影响非常大。

①岩石在反复的冻融循环下,其物性有较大的变化,表现在岩石的有效孔隙率和超声波速的变化上。试验中以片岩和流纹岩为试样,经过 300 个冻融循环后的结果表明,片岩孔隙率增加 20%,而流纹岩增加 10%。而且不论何种岩石,潮湿试样总比干燥试样显示出有稍高的孔隙率增长。岩石的超声波速根据孔隙率的增加而降低(同孔隙率变化一样,潮湿试样显示出比干燥试样稍大的超声波速变化)。在冻融循环作用下造成岩石孔隙率增加和超声波速降低的根本原因是岩石内矿物之间的边界因受压和受拉破坏,也即每种矿物成分在热膨胀系数上有差异而产生微裂缝。

②上述原因同时也说明了岩石抗拉强度经反复的冻融循环后有所降低,并在地下水的不断侵蚀下造成隧道衬砌背后围岩严重风化,使节理裂隙不断扩展,导致围岩的自承能力越来越差,最终使隧道衬砌在反复的冻胀压力和由于围岩冻融循环而产生的塑性压力、松动压力的复合作

用下失稳破坏。日本曾对根室本线古獭隧道衬砌背面采用岩芯钻探和在衬砌中设置检查窗的方式进行调查,结果发现在拱部至边墙一带有 20 cm 厚的黄褐色风化带,并且在风化带中均出现了冰镜。

2. 隧道围岩在冻胀过程中的水分迁移增强了冻胀的破坏性

冻胀现象并不单纯是随着隧道衬砌背后围岩所含水分的冻结而使体积增加,而且还有水分从未冻结部分向冻结面的移动以及由这些水所形成冰的成长。关于水分迁移的理论及成冰机制在冻土力学中研究较多。水分迁移一方面增加了围岩的冻胀量,另一方面增大了围岩的冻胀强度,因此也就增强了冻胀对隧道衬砌的破坏性。

二、隧道衬砌冻胀机理

根据冻胀作用机理和水体尺度的不同,可将隧道衬砌的冻胀现象分为三类:微观冻胀、细观冻胀和宏观冻胀。下面从冻胀产生的机理及其对衬砌混凝土的危害方面进行分析和探讨。

1. 微观冻胀

微观冻胀是指水分在较大压力的作用下或在毛细水压力的作用下渗入衬砌混凝土内部而发生的冻胀现象。通过电子显微镜可以看到,混凝土内部充满了各种各样的孔隙,之间通过不同的方式互相连通。如果混凝土周围有水,并且水压较大,这时水就可以渗至混凝土内部,这与混凝土抗渗试验时看到的渗水现象是相同的。另外,在周围有水的情况下,毛细水压力也可将水引入混凝土内部一定深度。若混凝土内部的水分不能及时排出,到了寒冬季节,会因结冰而给混凝土胶结体施加冻胀力,在冻胀力作用下,一些薄壁结构胶结体遭到破坏,渗水通道扩展,从而使更多的水分进入混凝土内部,或使水分进入混凝土更深部位,使冻胀破坏强度加大,范围扩展。如此反复冻融循环,使混凝土强度降低。若不采取补救措施,衬砌结构便会由局部破坏开始,最终发展到整体失稳。

2. 细观冻胀

细观冻胀是指地下水在衬砌的渗漏通道上结冰而发生的冻胀现象。这些渗漏通道可能是衬砌的各种裂缝,以及振捣不密实或发生漏浆的混凝土衬砌部。细观冻胀的特点是冻胀发生在衬砌的渗漏通道上。衬砌混凝土在施工过程中振捣不密实和局部漏浆时有发生,在这种情况下,混凝土内粗骨料之间有较大的孔隙,它们为渗漏水细观冻胀破坏提供了方便的通道。到了冬季,渗漏水便会在这些孔隙内结冰,尤其是在春融期反复的冻融循环,会破坏脆弱的胶结构,使骨料间胶结结构松散,影响衬砌结构的整体强度。

3. 宏观冻胀

宏观冻胀是指浅部围岩含水在冬季结冰而引发的冻胀现象,其特点是范围大、增加衬砌上的荷载。据吉林省既有小盘岭公路隧道的温度测试,寒冷地区公路隧道内冬季负温可深入围岩近 2 m。受其影响,隧道的排水系统不能正常发挥作用,造成围岩,尤其是浅部围岩含水量增加,含水范围扩大,并由于水结冰体积膨胀而给衬砌结构施加压力,影响衬砌的稳定。

▶ 学习任务二　冻害整治

在寒区隧道防冻技术方面取得成功的隧道冻害的处治措施较多,如铺设隔热保温层、设置防寒门、隧道供暖、深埋渗水沟、出水口保温、排(泄)水洞防寒等。归纳起来,其方法主要有保温法和供热法。

隧道冻害的整治（PPT）

冻害的整治（微课）

一、隧道保温法防冻

寒冷地区隧道保温防冻设计应本着科学、安全、经济、环保、节能的原则,灵活选择保温防冻措施,制订系统的保温防冻方案。

(一)衬砌保温层

1.表面铺设保温层

在隧道衬砌表面铺设泡沫等保温隔热材料,使隧道衬砌温度下降至 0 ℃以下。此法适用于冻结时间较短的季冻区隧道。具体如下:

(1)保温层的设计应考虑结构受力、保温、施工、防火等综合因素,具有相当的复杂性。衬砌保温层设置在二次衬砌表面,便于安装和维护,但可能受到火灾等的影响。

(2)用作保温层的材料主要为导热性差的多孔材料(如泡沫类)和材质本身热导率小的材料(如陶土类)。衬砌保温层的设计与施工一般需要进行专项试验论证,试验的内容包括材料的隔热效果、耐久性、承载能力(在衬砌与套拱间)、耐高温能力(防火特性)、设置厚度、设置长度及施工工艺等。

2.防冻隔温层

为确保衬砌背部和排水系统中的水不会冻结,应按照防水是基础、排水是核心、保温是关键的原则进行综合治理。在现有隧道衬砌表面铺设防排水板和透水管,洞内两侧排水沟采用防冻保温水沟,形成新的防冻排水系统,在防水板表面铺设防冻隔温层,重新立模浇筑混凝土,施作套拱,如图 4-1 所示。

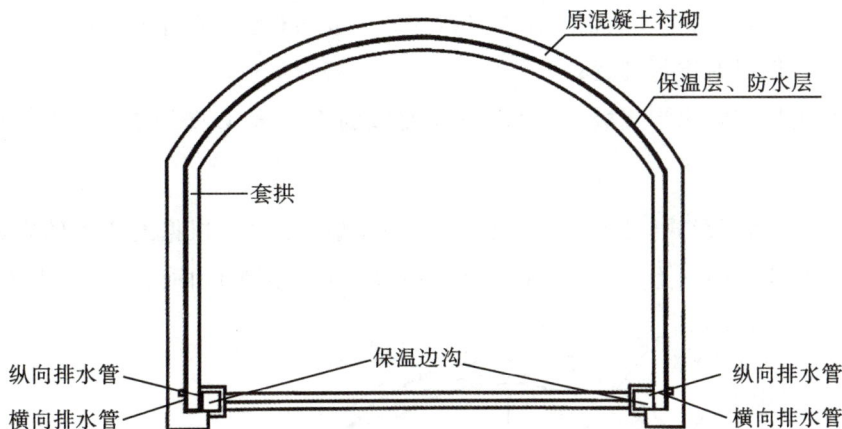

图 4-1 冻害防治方案

(二)保温排水系统

1.保温排水沟

为防止隧道排水沟冻结,可将隧道两侧排水沟深埋或采取其他保温措施。此法在所有寒冷地区隧道中都较常用,需要在设计时预先考虑。

保温排水沟一般采用侧沟式,其结构形式应配合各种隧道衬砌断面设计(见图 4-2)。水沟上部设双层盖板,在上、下两层盖板之间充填保温材料,保温层厚度一般不小于 30 cm,下部为流水槽。过水断面需满足要求,沟底纵坡一般应与隧道纵坡相同,但不小于 3%。

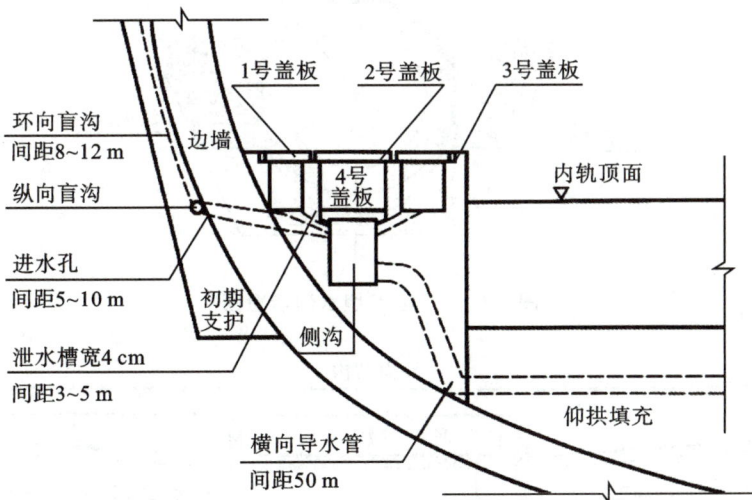

图 4-2 保温水沟示意图

保温材料一般采用矿渣、沥青玻璃棉、矿渣棉、泡沫塑料等,并设置防潮措施,以防保温材料受潮,影响保温性能。一般可采取的防潮措施如下:

（1）设置防潮层,将沥青玻璃棉等保温材料用沥青玻璃布包裹起来;

（2）定期对保温材料进行翻晒;

（3）渗漏水地段应将水沟盖板用水泥砂浆勾缝或沥青涂抹,以防漏水渗入保温材料。

2. 中心深埋水沟

中心深埋水沟断面形式(见图 4-3—图 4-5)的选择主要应根据地质条件确定,其断面尺寸可由流量确定,矩形断面不小于 25 cm×40 cm(高×宽),圆形断面内径不小于 30 cm。

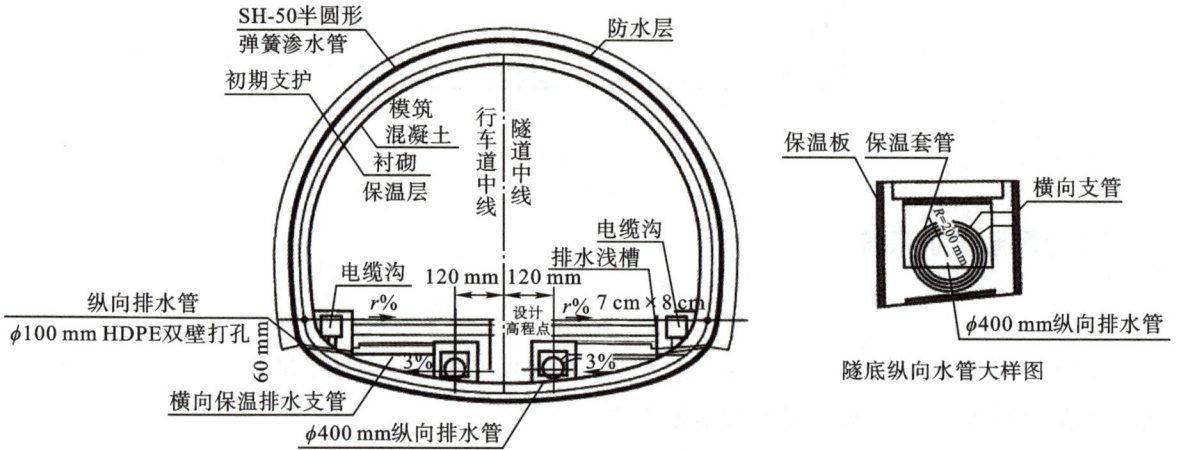

图 4-3　中心水沟保温结构

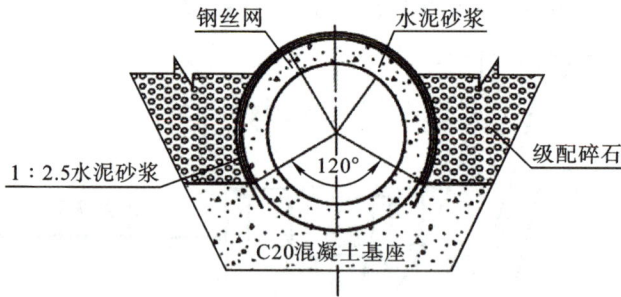

图 4-4　中心深埋水沟示意图

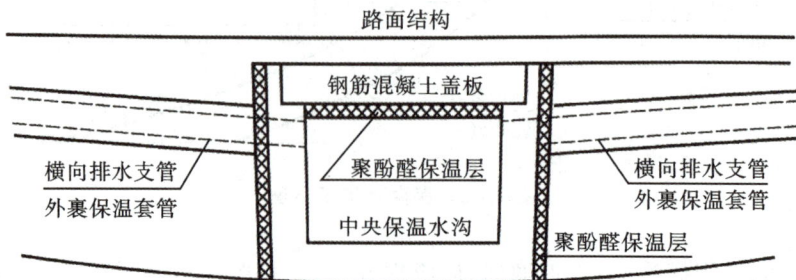

图 4-5　中央保温水沟断面

　　深埋水沟的埋置应使其沟内的水流不冻结。影响深埋水沟冻结的因素较多,除了受当地气温、冻结深度的影响外,还与水量大小、水温、水沟坡度、隧道长度及隧道走向与寒冷季节主导风向等因素有关。一般可参考下列经验数值选用:

　　(1)短于1 km的隧道,水沟埋深宜根据当地砂性土的最大冻结深度考虑。

　　(2)长于1 km的隧道,低洞口段300~500 m范围内,水沟埋置深度宜根据当地砂性土的最大冻结深度考虑。其具体长度视隧道长度及隧道走向与寒冷季节主导风向的关系而定,隧道较长或冬季背风的洞口可短些。高洞口段和洞身段根据当地黏性土最大冻结深度或略小于当地黏性土的冻结深度考虑。有条件时,应根据实测隧道内的气温及冻结深度确定。

3. 防寒泄水洞

1)防寒泄水洞的设计

　　为了解决隧道围岩低温和水形成冻融的难题,在隧道底部3.5~5 m处修建防寒泄水洞,防寒泄水洞一般置于隧道底部,通过ϕ160 mm PE(聚乙烯)竖向泄水管和ϕ100 mm泄水孔与上层隧道排水系统相连接,形成上下连接的排水系统,通过该系统将衬砌背后围岩中的地下水汇集在泄水洞中,然后再排出隧道。其衬砌结构尺寸应根据地质条件和埋置深度,由计算或工程类比确定(见图4-6)。

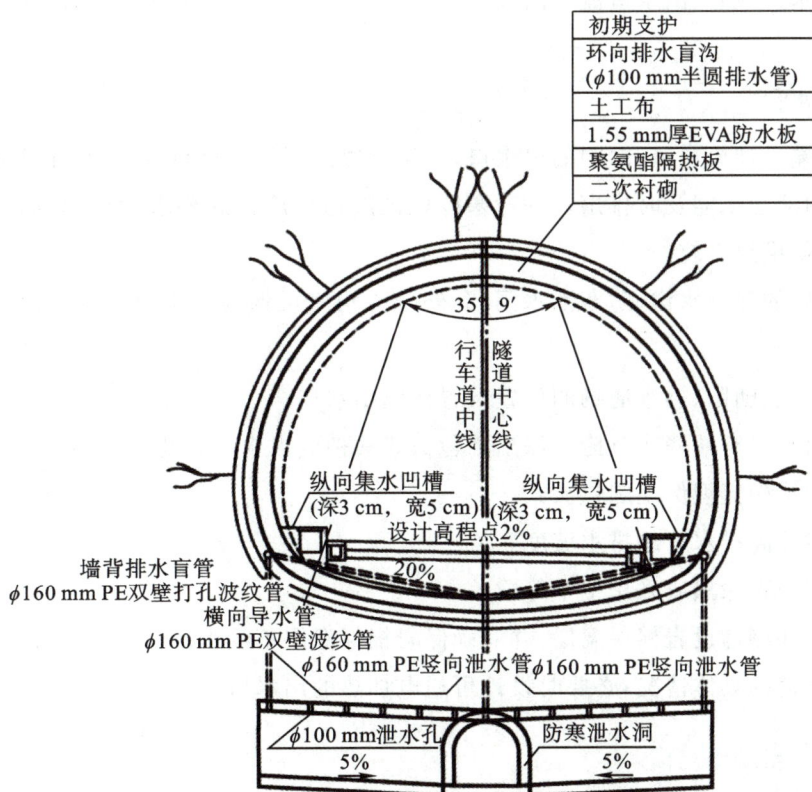

图4-6　防寒泄水洞

防寒泄水洞一般设铺底(当石质较好时可不设铺底)。防寒泄水洞拱部及边墙应有足够的泄水孔,其间距不小于1 m。防寒泄水洞的埋置深度,即隧道底至防寒泄水洞顶的高度,主要根据当地围岩最大冻结深度确定,一般应低于本地最大冻结深度,同时应满足暗挖施工不致引起隧底坍塌的要求,此外,还应注意不要埋置过深,以免不必要地延长防寒泄水洞的长度而增加投资。

2)防寒泄水洞保温措施

防寒泄水洞在修筑完成后投入使用的过程中,如果不采取合理有效的保温措施,在温度较低时,会发生泄水洞内结冰现象,使泄水洞丧失排水功能。因此,需对其采取保温措施。

(1)泄水洞衬砌全长铺设保温隔热材料。在温度较高的季节,保温层能阻止热量向泄水洞衬砌背后流动,防止泄水洞附近围岩发生热融现象而影响隧道稳定性;在极寒气候条件下,保温隔热层能阻止泄水洞衬砌和围岩热量的散失,既能减小出现冻胀破坏的概率,又能保持泄水洞内的温度,使洞内不出现冻结现象。

(2)在泄水洞进出口处设置防寒保温门,在冬季可缓解冷空气长驱直入到泄水洞内部,形成冷能积累而造成冻胀破坏。

(3)泄水洞的出水口若被冻结住,则整个排水系统将受到影响。所以,将泄水洞出口设计成锥体式保温出水口,加大出水口流水面坡度(不小于8%),保持排水的流速,以减少因温度下降而冻结的现象。

4. 保温出水口

在隧道两端设计成迎风、向阳的出水口,表层涂黑或用保温材料覆盖,防止或减缓出水口的冻结,使隧道内液态水能及时排出。一般寒冷地区隧道均应按此要求设计出水口,并根据条件加强保温或提供供热系统。

在严寒地区的深埋水沟、防寒泄水洞、洞外暗沟均应设保温出水口。保温出水口的设置应注意以下几点:

(1)选择背风、朝阳、排水通畅的位置设置保温出水口。

(2)保温出水口有端墙式及掩埋保温圆包头式两种。出水口处地形较陡时,宜采用端墙式;地形平坦时,宜采用掩埋保温圆包头式。

(3)尽可能提高排水管的排水坡度。

(4)表面用沥青涂黑或采用稻草等覆盖。

(5)出水管外侧铺设岩棉保温层,并应确保岩棉保温层不浸水。

(6)根据隧道的具体情况,必要时设计可通电加热的出水口。

二、隧道供热法防冻

在隧道保温措施仍不能满足隧道防冻要求时,应考虑采用供热方法使隧道避免受冻害影响。隧道供热有全面供热和局部供热两种形式。全面供热由于能耗大,且需要专门的供热系统,局限性很大,其设计施工可参照暖通工程进行。局部供热主要针对衬砌和防水层进行局部加热,针对性强、能耗低,应优先采用。

(一)全面供热

全面供热防冻是指通过热水或蒸汽向隧道内供热,使洞内衬砌温度不低于冻结温度。此方法早期应用于城市中或靠近城市的短隧道,要求具有供热条件、隧道规模小。但此方法能耗大,目前极少采用。

(二)局部供热

1.电伴热系统

电伴热系统是以电力为能源,发热电缆为发热体,通过导热或者热辐射将热量传递到物体表面,在结冰或积雪情况下通过物体表面与冰雪之间的显热和潜热进行融冰化雪,或通过散热使隧道衬砌或防排水体系始终保持在正温状态,从而达到防治冻害的目的。

2.地源热泵供热法

地源热泵是一种利用浅层地热能源(也称地能,包括地下水、土壤或地表水等的能量)可供热又可制冷的高效节能技术。其原理是分别将地层(水)中热量作为热泵冬季供热的热源、夏季制冷的冷源,供给室内采暖和制冷。通常地源热泵消耗 $1\ kW\cdot h$ 的能量,可以得到 $4\ kW\cdot h$ 以上的热量或冷量。

民用地源热泵系统由室外系统(取热段)、室内系统(加热段)、机房系统(热泵和分集水管路)组成。其中室外系统主要由地埋管、地埋管填料组成。地埋管是室外地下换热器,就是让水通过地埋管在地下循环,在地层中进行热交换。地埋管填料是地埋管的辅助材料,可以让地埋管更好地在地下达到换热的效果。室内系统中包含连接水管、电动二通阀门组件、风机盘管(空调)及地暖。连接水管的主要作用是进行热水和冷水的输送。

▶ 学习任务三　冻害预防

寒冷地区公路隧道冻害发生的原因可以总结为两个基本因素,即低温和适量的水。下面将从这两个因素出发,提出寒冷地区公路隧道冻害的若干预防技术措施。防冻措施的要点是将水排除在冻结圈之外,以防发生冻害。

(1)完善隧道防排水设施;

(2)在严寒地区应设置深埋渗水沟、防寒泄水洞,在寒冷地区应设置浅埋

PPT

隧道冻害的预防

微课

冻害的预防

保温侧沟；

（3）加强衬砌结构，如采用防水混凝土曲墙加仰拱衬砌、防水钢筋混凝土衬砌、网喷混凝土加固，应加设抗冻胀锚杆增大衬砌抵抗侧压力的能力；

（4）改良土壤，压浆固结岩石土（消除冻胀性），将细粒土更换为粗粒土或保温隔热层（换土厚为冻深 1.0 倍以上）。

（5）保温防冻解冻，如在衬砌与围岩间加设保温层（加气混凝土等），洞口设防寒帘幕（可用厚帆布缝成帘幕，与信号机联锁，自动开闭，为安全计备有手动开闭，以有效保持长隧道中部气温），排水沟采暖防冻（在洞口段上下层水沟间铺设暖气管道冬季供热），泄水洞夏季通热风解冻。

（6）其他防冰措施，作为临时紧急处理时可采用电热防冻，红外线融冰，向侧沟注投氯化钠、氯化钙等降低水的冰点防冻。

一、提高衬砌混凝土的抗渗抗冻能力

1. 寒冷地区隧道衬砌宜采用引气剂防水混凝土

引气剂防水混凝土是在混凝土拌和物中掺入微量引气剂配制而成的防水混凝土。在混凝土拌和物中加入引气剂后，将产生大量密闭、稳定和均匀的微小气泡，从而使毛细管变得细小、曲折、分散，减少渗水通道。由于引气剂防水混凝土中适宜的气泡组织提高了混凝土的抗渗能力，使水不易渗入，从而降低混凝土冻胀破坏的可能。更主要的是，混凝土中引入了无数微小的密闭气孔，提高了混凝土的变形能力，降低了由于冻融交替作用所产生的体积变化和内应力，提高了混凝土抗冻胀破坏能力。目前常用的引气剂有松香酸钠和松香内聚物等。

2. 减小混凝土衬砌背后的积水量和水压

减小混凝土衬砌背后的积水量和水压是一种间接提高混凝土抗渗抗冻能力的技术，具体做法有以下几个方面：

（1）在隧道围岩地下水丰富区段，采用局部注浆的方法，其目的是浆液将凝固成为固体材料填满节理，从而防止水在裂隙中的流通，可使大量地下水保持在免于冻结的岩石深处。

（2）寒区隧道渗漏与冻害往往发生在春融期，其主要原因之一是隧道排水系统排水不畅导致衬砌背后水压增大。因此，寒区隧道如果不采取保温或供热技术，那么应根据热传导理论计算出围岩的最大冻深，并将中心排水管置于最大冻深线以下，纵向排水管也应设置在冻结的范围之外或选择适当的位置使之与上部衬砌壁后同步冻融。

除以上两点外，要提高寒区隧道衬砌混凝土的抗渗抗冻能力，还应从保证混凝土的施工质量入手，这就应采取各种措施，尽量避免意外中断混凝土的浇筑，防止出现混凝土浇筑过程中的局部漏浆现象，不留振捣死角。

二、采取保温或供热技术

1. 在衬砌表面或背后设置保温层

日本对寒区隧道设置保温层的技术取得了较成功的经验,下面介绍日本某二隧道中设置保温层的具体施作方法。一隧道采用了在衬砌表面设置保温层的方法,其施工过程如下:由厂家在合成树脂防水片的表面喷涂一层 35 mm 厚的发泡聚氨酯树脂,做成隔热材料,再用螺栓安装在混凝土衬砌表面,接缝部位是在现场按隔热板安装法进行喷射发泡绝热材料,然后在表面喷2 mm 厚防火层。另一隧道采用了在复合衬砌之间设置保温层的方法,隧道初期支护完成后,安装喷有 30 mm 厚发泡聚氨酯树脂的防水片,安装方法同初山别隧道一样,接着修砌二次衬砌。以上两种方法在施工过程中均进行过测试,结果表明这两种方法都取得了很好的保温效果。

目前国内在高原寒冷地区达坂山(青海省)公路隧道中首次采用了在衬砌表面设置保温层技术。保温层由 5 cm 厚硬质聚氨酯(PU)泡沫塑料层和 3 cm 厚 FBT(稀土复合保温材料)防火保温层组成。PU 保温层的施工采用了两种方法:

(1)直接在二次衬砌表面喷洒发泡剂发泡成型。该方法要求通风条件好,结构自身表面干燥,温度达 10 ℃以上的环境,这是因为发泡过程中有少量有毒气体产生,结构物表面潮湿、温度低,会影响其附着力。此种方法的优点是工序少、速度快,适用于在夏季隧道进出口段施工。

(2)型材安装。此方法工序多、速度较慢,宜用于洞内通风条件差或混凝土表面水汽较多的区段。保温型材由厂家制成,在衬砌表面安装时采用 2 cm 宽金属环向加固,间距为 1.5 m。随后在 PU 保温层表面施作 FBT 防火保温层。FBT 原材料是粉状物,施工时需掺入适量水,搅拌成糊状,用抹子将其抹在 PU 保温层表面,主要起保温阻燃作用。

2. 采取供热防冻技术

与非寒区隧道相比,寒区隧道的防排水难点在于春融期排水通道封冻。我国西北地区的一些隧道在冬季以向隧道供热的方式来避免衬砌背后排水通道的封冻,并取得了一定的防水效果。但这种供热方式是向洞内供热,将整个衬砌加热至一个较高的温度,从而保证隧道的正常排水。这种供热方式耗能大,设备投入高,管理不便。在采用供热防冻方案的前提下,应从春融期防水层两侧的排水问题入手,采用某种加热方式直接向防水层局部供热或向环向排水管供热。这种供热方式的优点在于仅在春融期供热,能耗小,管理也比较方便。

值得说明的是,寒区公路隧道往往由于渗漏进一步引发冻害问题,因此要防止寒区隧道冻害问题,首先应该采取各种技术保证隧道不渗不漏,这也有助于提高防治技术的防冻抗冻效果。

案例分析

一、工程概况

（一）工程简介

某隧道起讫里程为 DK33＋500～DK42＋120，全长 8 620 m，最大埋深 398 m。线路为单线Ⅱ级铁路，设计车速 120 km/h。隧道设有 2 个斜井、2 个通风支洞。隧道采用复合式衬砌，EVA 防水板防水，保温水沟和中心深埋水沟排水。

（二）工程地质条件

隧道地表覆第四系全新统坡残积岩，下伏花岗岩和流纹岩。隧道进口为碎石土，洞身为强风化—弱风化流纹岩（见图 4-7），岩层碎块状、节理很发育，为浅埋地段，有少量基岩裂隙水及构造裂隙水，雨季水量较大，预计最大涌水量 200 m³/d；隧道出口为碎石土，洞身为全风化—强风化花岗岩，节理发育，构造裂隙发育，有少量基岩裂隙水及构造裂隙水，雨季水量较大，预计最大涌水量 1 000 m³/d。

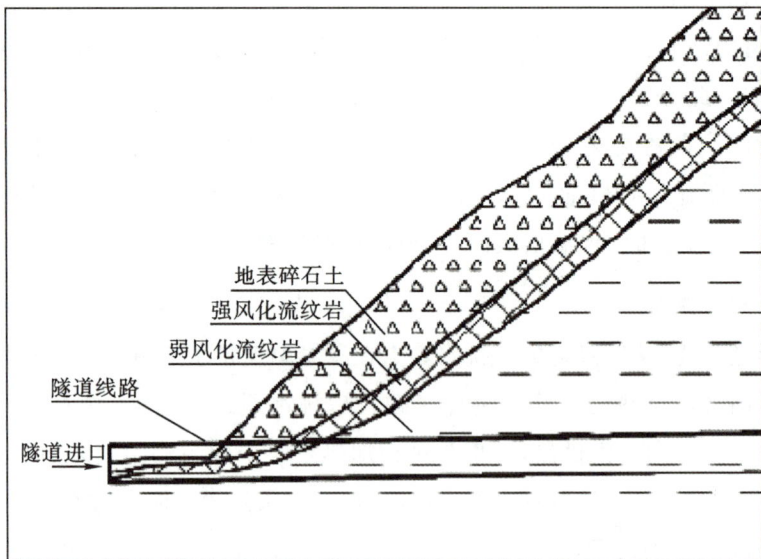

图 4-7　隧道进口地质剖面示意图

（三）水文气象条件

隧道地表水系较发育，地下水埋深 0.5～21.7 m，地层渗漏系数 $K=0.007$ m/d。地表水及地下水化学环境中对混凝土结构不构成硫酸盐、氯盐侵蚀性。隧道进口年平均气温 6.7 ℃，最低月平均气温−10.7 ℃,隧道出口年平均气温 6.9 ℃,最冷月平均气温−12.4 ℃,属寒冷地区,土壤最大冻结深度 1.93 m。

二、隧道冻害原因分析

隧道为复合式衬砌,隧道口受冬季极低气温的影响,伴随着渗漏水病害,出现了衬砌挂冰、隧道底积水结冰、排水系统被冻等冻害,后期可能发展为衬砌被冻开裂、结构破坏,衬砌冻胀变形,洞门墙冻胀开裂等(见图 4-8)。

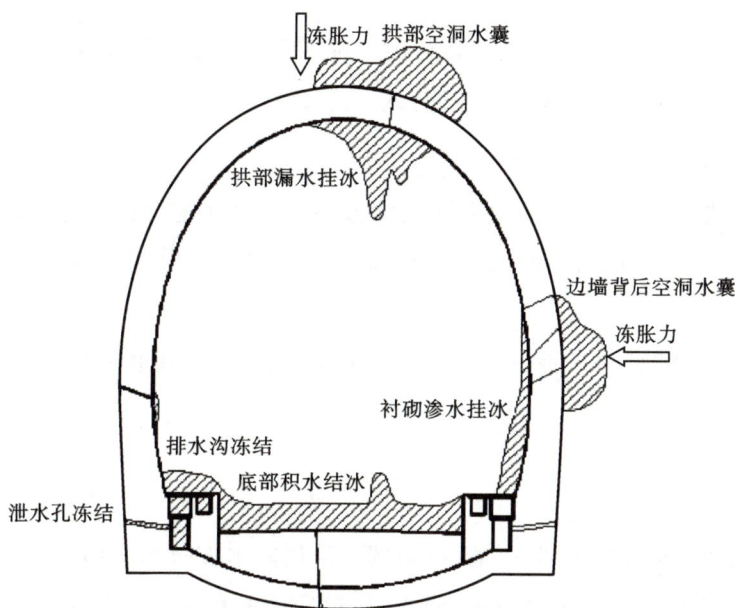

图 4-8 冻害类型示意图

隧道冻害发生的主要原因如下。

(一)施工原因

隧道采用 EVA 防水板防水,衬砌混凝土为防水混凝土,抗渗等级不小于 P10,抗冻等级 F300。隧道渗漏水是防水板损坏和衬砌质量不合格造成的,施工中主要有以下问题:

1. 防水板破损

防水板破损主要有以下原因:

①在铺设防水板时,未清除喷锚支护上的尖锐物体,如锚杆头等,造成防水板穿孔;

②防水板接头焊缝质量不合格导致漏水;

③防水板铺设完成后,后续施工的衬砌钢筋焊接、混凝土振捣等缺乏保护措施,致使防水板破裂;

④防水板铺设时没有留设松弛度,混凝土施工时挤压破裂。

防水板破损,使隧道丧失第一道防水屏障。

2.排水盲管、泄水孔堵塞

排水盲管"三通"连接不畅,泄水孔在混凝土施工时堵塞,造成隧道背后围岩水不能顺利排出。

防水板破损,使围岩水直接接触衬砌混凝土。

3.施工缝处置不当

隧道衬砌一般按 9 m 或 12 m 设置一道施工缝,施工缝采取凿毛、埋设橡胶止水带等措施止水。

施工缝处置不当,橡胶止水带老化等都会造成衬砌渗漏水。

4.模筑混凝土质量不合格

模筑混凝土质量不合格,一是原材料不合格或施工中未按配合比拌合,混凝土达不到抗渗、抗冻的要求;二是混凝土施工过程中,施工粗糙,振捣不到位,出现了蜂窝、麻面、空洞等质量通病。

模筑混凝土不合格,使隧道丧失第二道防水屏障,直接引起隧道渗漏水。

(二)设计原因

1.隧道底渗水

在复合式衬砌中,对衬砌边墙、拱墙、拱顶部分采用防水板防水,但仰拱部分没有防水措施,主要依靠仰拱混凝土阻水。隧道底渗水、涌水,使道床面的积水在低温下被冻结。在多年冻融循环后,显现出道床被冻胀力破坏,道床面混凝土酥碎、剥落,道床混凝土强度降低。道床积水同时威胁行车安全。

2.衬砌设计强度不够

设计中未考虑隧道水冻融循环中的冻胀力,衬砌厚度不够,强度偏小,衬砌在冻胀作用下开裂,甚至变形、错台。

3.排水沟、管保温措施不足

排水沟、管保温措施不足,致使排水沟管被冻,具体情况有:

(1)隧道两侧设置的排水沟因缺少必要的保温措施,沟中的流水发生冻结,排水沟失去汇集和排水的基本功能。隧道水难以排出,积水在冻结段淤积,随着冻结面积和冻结深度扩大,甚至导致积水在轨道道床上冻结形成"冰塞",威胁行车安全。

(2)泄水孔被冻,使衬砌背后积水难以排出,积水在衬砌背后形成"水腔",水腔内水的冻结,其冻胀力直接威胁衬砌结构安全。

(三)其他原因

(1)隧道进出口为浅埋段,丰富的地表水渗入隧道形成围岩水,增加了隧道防水要求;在低温下形成冻胀,对隧道衬砌形成冻胀压力。

(2)隧道围岩为冻胀性围岩,受冻膨胀形成冻胀力。其冻胀力与水的冻胀力、围岩压力一起作用在混凝土衬砌上。当作业力超过了混凝土的抗压强度时,造成衬砌变形、开裂,衬砌结构破坏。

三、隧道冻害防治措施

水和低温是形成冻害的主要因素。防治隧道冻害,首先要解决隧道水的问题,其次是采用提高冻结段温度的方法避免冻结。

(一)采取切实可靠的防排水措施

隧道水的处理,一般采用"防、排、截、堵相结合、因地制宜、综合治理"的原则,采取切实可靠的设计、施工措施,达到排水畅通、经济合理的目的。隧道防冻排水方式主要有以下几种。

1. 保温水沟排水

保温水沟采用浅埋方式,在水沟内采取保温措施,以达到冬季流水不冻结的目的。当隧道较长、洞内温度较高时,可只在隧道洞口采取保温措施。保温水沟一般采取侧沟式,水沟上部设双层盖板,保温层厚度不少于 40 cm,下部为流水槽,如图 4-9 所示。

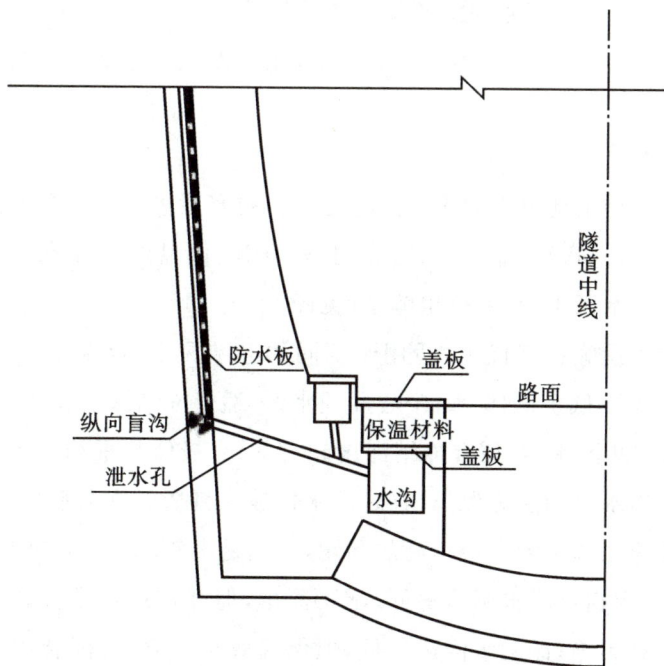

图 4-9　保温水沟

2. 中心水沟排水

中心水沟是将水沟埋置于洞内冻结深度以下,利用地温达到排水沟内水流不冻结的措施(见图 4 - 10)。中心水沟适用于严寒地区,且冬季有水的隧道。中心水沟埋设于隧道道床下 2.5 m,一般采用明挖施工,与隧道仰拱同步施工。设置中心水沟后,衬砌背后的水直接从中心水沟排出。

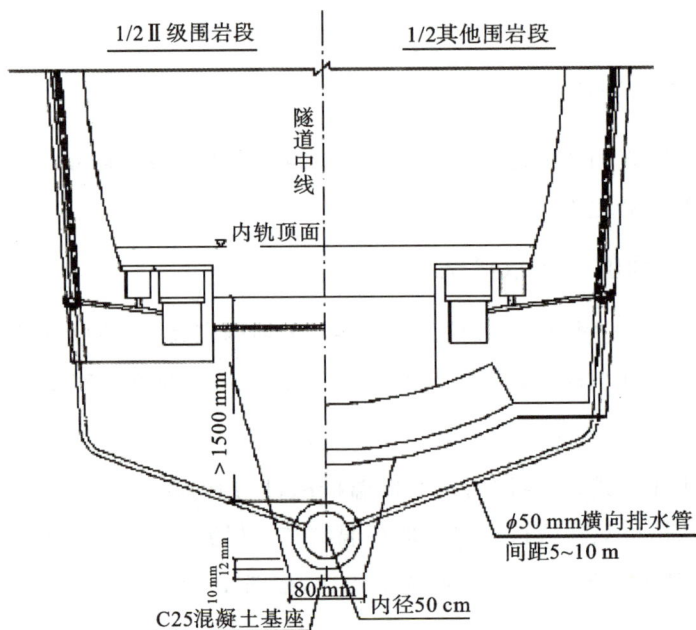

图 4 - 10　中心深埋水沟

3. 防寒泄水洞

防寒泄水洞是隧道排出地下水的主要措施之一。防寒泄水洞为一个带孔的小隧道,位于隧道的正下方,并将所设竖向盲沟、泄水孔、支导洞、检查井、保温出水口等组成一个排水系统,通过该系统将水汇集到泄水洞中,然后排出隧道(见图 4 - 11)。

以上 3 种防冻排水设施各有优劣,适用于不同的冻结深度:保温水沟,适合冻结深度小于 1.5 m,最低月平均气温不低于 −10 ℃;中心深埋水沟,适合冻结深度在 1.5~3 m,最低月平均气温 −10~−20 ℃;防寒泄水洞,适合冻结深度超过 3 m,最低月平均气温低于 −20 ℃。三者共同点是都需要做好出水口的防冻保温措施,出水口被冻将造成排水系统瘫痪。

防寒泄水洞存在施工难度大和造价高的问题,但它是多年冻土和极寒地区隧道的一种有效排水方式;中心深埋水沟相对泄水洞造价低、施工简单,但开挖过程中会影响边墙稳定,其后期沉降会对衬砌产生不利影响;保温水沟造价低,但保温效果有限,可配合中心深埋水沟、防寒泄水洞在较长隧道的中部使用。

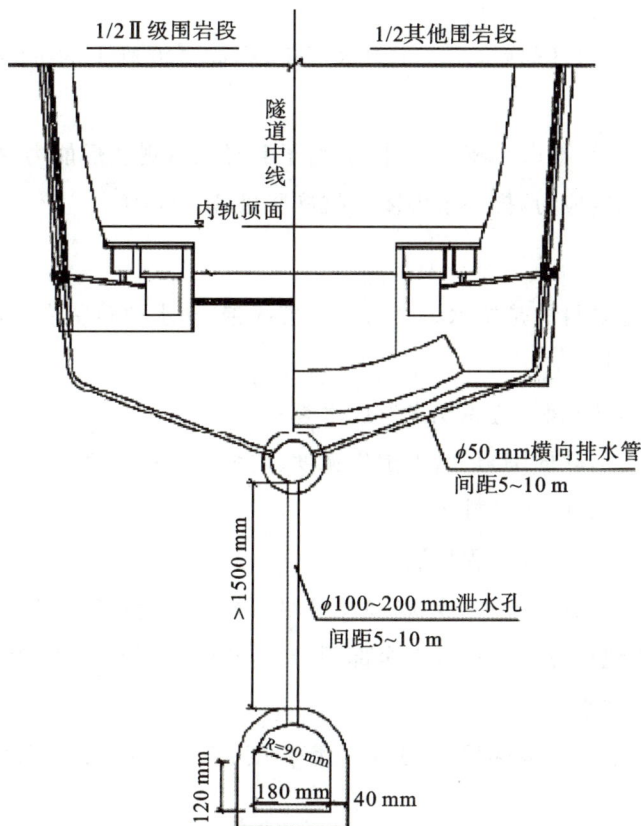

图 4-11　防寒泄水洞

4.衬砌背后防水板、排水盲管盲沟

在复合式衬砌中,做好衬砌背后防水板施工,可以有效阻止围岩水渗入衬砌混凝土中,避免衬砌土冻胀;合理设置的排水盲管、盲沟,可以将围岩水及时引入排水沟中,避免在衬砌背后淤积、冻胀。

(二)提高衬砌混凝土质量措施

1.提高衬砌层强度

提高衬砌层强度,使隧道衬砌层能抵御地应力、冻胀力的作用而不至于破裂。提高衬砌质量的主要措施有:①增加衬砌混凝土厚度;②提高混凝土标号;③采用钢筋混凝土或纤维加筋混凝土;④配合使用保温塑料应力缓冲层,防止和减少衬砌层破裂;⑤加强施工过程控制,避免出现蜂窝、麻面、孔洞、振捣不密实等质量问题。

2.提高衬砌混凝土的抗渗抗冻能力

提高衬砌混凝土的抗渗抗冻能力,采用引气剂防水混凝土。引气剂防水混凝土是在混凝土拌合物中掺入微量引气剂。

（1）在混凝土中加入引气剂后，减少了渗水通道，提高了混凝土的抗渗能力，从而减少了混凝土冻胀破坏的可能；

（2）混凝土中引入了无数微小密封气孔，提高了混凝土微观变形能力，减少了由于冻融循环作用产生的体积变化和内应力，提高了混凝土抗冻胀破坏的能力。

3. 采取围岩注浆措施

隧道围岩注浆的主要目的是堵水。对富水的破碎带、含水裂隙围岩、浅埋段碎石土注浆，围岩注浆可以起到以下作用：

①堵塞初期支护后的孔洞，避免积水形成水囊；

②固结初期支护背后软弱围岩，增大围岩强度、增强围岩稳定性；

③堵塞隧道围岩排水孔，减少排水量。

在注浆施工中，应加强注浆过程控制：

（1）注浆应在二次衬砌施工前完成，避免注浆堵塞衬砌背后盲管、盲沟等排水系统。

（2）围岩注浆范围包括隧道底板以上全部围岩。当勘探和开挖证实含水围岩具有较大水头压力时，应全断面注浆防水。

（3）注浆深度取决于围岩破碎程度、裂隙发育程度、富水性及冻结深度，一般不浅于围岩冻结深度。

（4）注浆时间以5～6月最为理想，围岩裂隙水冻结时不能注浆施工。注浆材料要选择抗低温、快凝和防渗性能良好的水泥-化学剂混合注浆剂。

4. 采取隔热保温措施

隧道工程使用保温材料是减少围岩冻结深度的一种有效措施。保温材料设置"夹心层"，置于初支与二衬之间，主要有以下作用和效果：

（1）采用直接喷涂发泡材料作为保温层，有隔热保温作用和隔水作用；

（2）有应力缓冲层的作用，可以减少冻胀力对衬砌的压力。

5. 采取加热措施

加热措施是防治隧道冻害的有效方法，是救急措施。一般采用锅炉蒸汽加热，作为隧道的一种备用设施。当隧道严重结冰时，可以配合临时性打冰，在洞门处临时设置保温棉帘作应急处理。

以上5种冻害防治措施中，可靠的防排水方案、较高的衬砌混凝土质量，施工难度大、工期长、成本高，但对隧道防冻防治有效。围岩注浆、隔热保温费用低，但作用有限。因此，采取切实可行的防排水方案、提高衬砌混凝土质量，作为防冻害的主要措施；围岩注浆、隔热保温作为辅助性措施；加热取暖作为临时性措施。

隧道进、出口采用Ⅴ级围岩加强复合式衬砌,二次衬砌为厚度40 cm的防渗防冻钢筋混凝土,满足衬砌混凝土防冻防渗要求。隧道采取防水板防水、初期支护背后注浆止水。根据隧道最大冻结深度和最低月平均气温,采用保温水沟配合中心深埋水沟排水方式,满足防冻排水要求。通过以上措施,可以取得较好的防冻害效果。

四、隧道冻害整治措施

1. 注浆止水

对衬砌面小面积渗漏水形成的挂冰、冰锥,可在渗漏点背后注浆堵水,消除衬砌背后孔洞,通过止水达到整治冻害的效果。对于隧道底部渗水、淌水,道床面结冰等,在隧道底部一般不设置防水板,可根据涌水量和冻结深度,在隧道底部大面积注浆止水,通过治水达到整治冻害的效果。

2. 增设排水措施

排水设计抗冻不足会造成排水系统冻结、道床面大面积结冰,应增设必要的排水设施,如增设防寒泄水洞等。

3. 拆除衬砌重建

20世纪80年代以前修建的隧道,因技术、材料原因,缺少必要的抗冻、防渗、排水措施,部分隧道因冻害而致衬砌开裂、变形、结构破坏,严重威胁行车安全。对冻害严重的部分,应根据实际情况拆除衬砌重建。

该隧道在施工过程中,出现了2♯斜井衬砌挂冰、隧道地板渗水结冰、隧道出口中心深埋水沟出水口冻结堵塞等情况,严重影响隧道冬季施工。施工中,通过对2♯斜井底板大面积注浆堵水,解决了渗水及结冰问题;通过在洞口设置锅炉加热、挂设门帘,避免了衬砌挂冰;通过做好中心深埋水沟出水口保温措施,解决了中心水沟冻结问题。

技能训练

1.隧道冻害成因有哪些?
2.隧道保温法防冻的措施有哪些?
3.隧道供热法防冻的具体措施是什么?

衬砌腐蚀及整治

教学目标

知识目标

1.了解隧道衬砌腐蚀等级的划分;

2.熟悉隧道衬砌腐蚀机理;

3.掌握隧道衬砌腐蚀病害的治理措施。

能力目标

1.具备分析衬砌腐蚀机理的能力;

2.具备选定隧道衬砌腐蚀防治方法的能力。

素质目标

1.具备团队组织协调的能力;

2.具备安全与自我保护的能力;

3.具备诚实守信的职业道德。

任务导入

某隧道穿越岩溶、煤层与瓦斯、暗河、岩爆及高温地段,地质条件复杂。其中 D2K195＋740—D2K197＋790 段地下水对混凝土具有弱-中等硫酸盐侵蚀。请分析该隧道腐蚀的原因和整治措施。

任务实施

铁路、公路线分布广,隧道所接触的地质条件千差万别,其中有些地区富含腐蚀性物质。衬砌背后的腐蚀性环境水容易沿衬砌的毛细孔、工作缝、变形缝及其他孔洞渗流到衬砌内侧,成为隧道渗漏水,并对衬砌混凝土和砌石、灰缝产生物理性或化学性的侵蚀作用,造成衬砌腐蚀。

按其种类不同,隧道内混凝土衬砌的腐蚀可分为水蚀、烟蚀、冻蚀及骨料融胀等。隧道衬砌侵蚀,使衬砌出现起毛、酥松、蜂窝麻面、起鼓剥落、孔洞露石、骨料分离、衬砌厚度变薄、结构强度及承载能力降低等破坏,还会导致衬砌内的钢筋腐蚀,使得衬砌结构强度减小,降低隧道衬砌的承载能力,缩短使用寿命,危及行车安全。还会导致钢轨及扣件腐蚀,缩短使用寿命。本情境主要讨论衬砌腐蚀的成因、整治方法和预防衬砌腐蚀的措施。

▶ 学习任务一　衬砌腐蚀成因

隧道衬砌腐蚀的主要影响因素有衬砌施工质量和水泥的品种、渗流到衬砌内部的环境水含侵蚀性介质的种类和浓度、环境的温度和湿度等自然条件。隧道衬砌腐蚀使混凝土变酥松,强度下降,降低隧道衬砌的承载能力,还会导致钢轨及扣件腐蚀,缩短使用寿命,危及行车安全。

衬砌腐蚀成因

一、衬砌腐蚀的分类

隧道衬砌腐蚀分为物理性侵蚀和化学性侵蚀两类。

(一)隧道衬砌物理性腐蚀

物理侵蚀的种类主要有冻融交替部位的冻胀性裂损和干湿交替部位的盐类结晶性胀裂损坏。

腐蚀类型

(1)冻融交替冻胀性裂损的产生条件:隧道在寒冷和严寒地区,衬砌混凝土有充水部位。

(2)干湿交替盐类结晶性胀裂损坏的产生条件:隧道周围有含石膏、芒硝和盐的环境水。

(二)隧道衬砌化学性腐蚀

隧道衬砌混凝土的化学侵蚀是一个复杂的物理化学过程。对于地处腐蚀性化学介质含量较高,特别是位于水下或处于海洋环境的隧道来说,化学腐蚀对于隧道性能有很大的影响。综合国内外目前研究成果,根据主要物质因素和腐蚀破坏机理,化学性腐蚀分为硫酸盐侵蚀、镁盐侵蚀、软水溶出性侵蚀、碳酸盐侵蚀、一般酸性侵蚀、氯盐侵蚀等几种。

化学性腐蚀按程度不同,分为弱侵蚀、中等侵蚀和强侵蚀三种。

(1)遭受弱侵蚀部位,表现为隧道边墙脚附近(季节性潮湿部位)表面起白斑、长白毛,表层 1 cm 以内疏松剥落或混凝土内部被渗透进去的酸性环境水、软水、侵蚀性 CO_2 等分解溶出部分氢氧化钙后,结构强度降低。其外观尚完整,但用地质锤敲打表面有疏松感。

(2)受中等侵蚀部位,表现为隧道拱部、边墙混凝土表层疏松剥落厚 $1\sim2$ cm,强度显著降低。

(3)受强侵蚀部位,表现为隧道拱部、边墙、侧沟等渗水(干湿交替)硫酸盐结晶腐蚀处,沿裂缝呈条带状或分散的渗水点呈蜂窝洞穴状,析出芒硝、石膏结晶,结构进一步疏松、溃散、露石、脱落;或混凝土内部大量分解溶出 $Ca(OH)_2$,胶结力逐步减弱,强度严重降低,结构逐步溃散。

二、衬砌腐蚀成因

衬砌腐蚀与地下水流经地层的岩性及所含侵蚀性离子有关。在某些环境地质条件下,溶解于环境水中的一些侵蚀性介质,对衬砌混凝土和砌石、灰缝产生物理性或化学性的侵蚀作用而形成腐蚀病害。

环境水对混凝土和水泥砂浆的侵蚀作用主要可归纳为三种:溶出性侵蚀(非结晶性侵蚀)、结晶性侵蚀和复合性侵蚀(溶出性和结晶性两种侵蚀同时作用或交替作用)。对于溶出性侵蚀,只要能解决衬砌的渗漏水问题,彻底治理好水,就能达到防蚀的目的。对于结晶性侵蚀,水泥中的化合物与水作用后的新生成物或水中盐类介质析出结晶发生体积膨胀而导致材料破坏,而析出结晶的条件是混凝土中的干湿变化,干湿变化越频繁,侵蚀速度越快,因此,对这类侵蚀,只防止渗漏而不防止混凝土充水是不行的,即不仅要防渗漏,还要防止混凝土浸水,避免侵蚀水与混凝土发生作用。复合性侵蚀包含了上述两种侵蚀的特性。

(一)物理性腐蚀机理

1. 冻融交替冻胀性裂损的侵蚀机理

普通混凝土是一种非均质的多孔性材料,其毛细孔、施工孔隙和工作缝等易被环境水渗透。充水的混凝土衬砌部位,受到反复的冻融交替冻胀破坏作用,产生和发展冻胀性裂损病害,造成混凝土裂损。

2. 干湿交替盐类结晶性胀裂损坏的侵蚀机理

渗透到混凝土衬砌表面毛细孔和其他缝隙的盐类溶液,在干湿交替条件下,(由于低温)蒸发浓缩析出白毛状或棱柱状结晶,产生胀压作用,促使混凝土由表及里,逐层破裂疏松脱落。常见边墙脚高 1 m、混凝土沟壁、起拱线和拱部等处裂缝呈条带状,局部渗水处呈蜂窝状,腐蚀成孔洞、露石、骨料分离,疏松,用手可掏渣。

干湿交替盐类结晶性胀裂损坏会造成混凝土或不密实的砂石衬砌和灰缝起白斑、长白毛,逐层疏松剥落。沿渗水的裂缝和局部麻面处,呈条带状和蜂窝状腐蚀成凹槽和孔洞(深 10~25 mm)。

(二)化学性腐蚀机理

衬砌混凝土化学腐蚀是很复杂的过程。

1. 硫酸盐侵蚀

(1)腐蚀机理:主要原因是水中 SO_4^{2-} 的浓度过高。

化学腐蚀

SO_4^{2-} 浓度高于 1 000 mg/L 时,能与水泥石中的 $Ca(OH)_2$ 起反应,生成石膏,

$$Ca^{2+} + SO_4^{2-} = CaSO_4$$

石膏体积膨胀至 1.24 倍,形成混凝土物理性的破坏。

(2)当 SO_4^{2-} 浓度低于 1 000 mg/L 时,铝酸三钙($3CaO \cdot Al_2O_3$,简称 C_3A)与 $Ca(OH)_2$、SO_4^{2-} 起反应共同作用,生成硫铝酸盐晶体。

$$3CaO \cdot Al_2O_3 \cdot 6H_2O + 3CaSO_4 + 25H_2O = 3CaO \cdot Al_2O_3 \cdot 3CaSO_4 \cdot 31H_2O$$

体积较原来增大 2.5 倍,产生巨大的内应力,破坏混凝土。

2. 镁盐侵蚀

腐蚀机理:主要原因是水中含有 $MgSO_4$、$MgCl_2$ 等镁盐,与水泥石中的 $Ca(OH)_2$ 发生反应。

$$MgSO_4 + Ca(OH)_2 + 2H_2O = CaSO_4 \cdot 2H_2O + Mg(OH)_2$$
$$MgCl_2 + Ca(OH)_2 = CaCl_2 + Mg(OH)_2$$

$CaSO_4$ 引起硫酸盐侵蚀;$CaCl_2$ 遇水而流失;$Mg(OH)_2$ 胶结力很弱,易被渗透水带走。

3. 溶出性侵蚀(软水侵蚀)

腐蚀机理:主要原因是水中的 HCO_3^- 含量过少,在渗透水的作用下,混凝土中的 $Ca(OH)_2$ 随水陆续流失,使得溶液中的 CaO 浓度降低。当浓度低于 1.3 g/L 时,混凝土中的晶体 $Ca(OH)_2$ 将溶入水中流失,C_3S(硅酸三钙,$3CaO \cdot SiO_2$)和 C_3A 中的 CaO 也陆续分解溶于水中,使混凝土结构变得松散,强度渐渐降低。

鉴于在完全水化的水泥石中 $Ca(OH)_2$ 是基本成分之一(约占 25%),故溶出性侵蚀有一定的危害性。$Ca(OH)_2$ 被溶解的程度取决于周围环境水的流动状态。在静水和水压力极小的情况下,由于周围的环境水易于被 $Ca(OH)_2$ 饱和,使溶解作用易于中止,因此影响仅限于表层;但在流动水或压力水作用下,$Ca(OH)_2$ 将不断溶解和流失,进而造成混凝土中其他化合物也被溶蚀,使水泥石结构破坏,从而导致整个隧道衬砌发生破坏。渗水隧道中常在衬砌表面出现的薄层白色物质,一般都是在压力水作用下,透过衬砌的软水在溶解一定数量的 $Ca(OH)_2$ 后,与大气中的 CO_2 发生反应生成的 $CaCO_3$ 沉淀。显而易见,溶出性侵蚀的危害性在很大程度上取决于水泥石及混凝土材料的孔隙结构和密实性。

4. 碳酸盐侵蚀

腐蚀机理:主要原因是水中的 CO_2 含量过高,超过了与 $Ca(HCO_3)_2$ 平衡所需的 CO_2 数量。

在侵蚀性 CO_2 的作用下,混凝土表层的 $CaCO_3$ 溶于水中。

$$CaCO_3 + CO_2 + H_2O = Ca^{2+} + 2HCO_3^-$$

混凝土内部的 $Ca(OH)_2$ 继续与 CO_2 作用。如 CO_2 含量较多,这种作用将持续下去,水泥石因 $Ca(OH)_2$ 流失而结构松散。

5. 一般酸性侵蚀

腐蚀机理:主要原因是水中含有大量的 H^+,各种酸与 $Ca(OH)_2$ 作用后,生成相应的钙盐。比如:

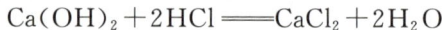

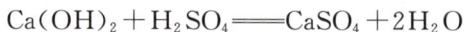

$$Ca(OH)_2 + 2HCl = CaCl_2 + 2H_2O$$

$$Ca(OH)_2 + 2HNO_3 = Ca(NO_3)_2 + 2H_2O$$

$$Ca(OH)_2 + H_2SO_4 = CaSO_4 + 2H_2O$$

由于生成物溶于水的程度不同,因而侵蚀影响也不同:$CaCl_2$、$Ca(NO_3)_2$、$Ca(HCO_3)_2$ 等易溶于水,随水流失;$CaSO_4$ 则引起硫酸盐侵蚀。

在复杂的地质水文条件下,以上几种腐蚀可能是同时发生的。

(三)混凝土中的钢筋腐蚀机理

对于钢筋混凝土结构来说,钢筋的性能如何将直接影响到结构的承载力状况,而混凝土中的钢筋腐蚀是造成混凝土结构耐久性损伤的最主要因素,它造成结构破坏的原因主要表现在三个方面:一是钢筋腐蚀引起截面减少和强度降低;二是钢筋腐蚀将产生体积膨胀(约 2~4 倍),导致混凝土保护层沿筋开裂,甚至脱落,从而使混凝土截面产生损伤;三是钢筋腐蚀将使混凝土和钢筋之间的黏结性能退化。

1. 混凝土中钢筋腐蚀的机理

能造成钢筋腐蚀的因素很多,主要有自然环境因素(如潮湿的空气、含侵蚀性介质的地下水、海洋环境等),工业生产中产生的气态、固态、液态的酸、碱、盐污染,以及应力腐蚀、电腐蚀等。根据腐蚀的不同机理,钢筋腐蚀一般可分为电化学腐蚀、化学腐蚀、应力腐蚀和氢脆等四种形式。

1)电化学腐蚀(杂散电流腐蚀)

在地铁工程中,由于轨道在地铁运行过程中始终处于带电状态,虽然在轨道与混凝土底板之间有绝缘层的存在,但也可能泄漏到混凝土中。泄漏到地下的电流对钢筋混凝土结构所造成的腐蚀破坏,其实质是一种电解作用。根据杂散电流流动方向和路径的不同,可以分为阳极腐蚀和阴极腐蚀。

当混凝土中的钢筋处于阳极时,就发生氧化而出现阳极腐蚀,导致钢筋锈蚀膨胀、混凝土开裂。若钢筋处于阴极,根据阴极保护理论,当阴极电流较小时,一般不会发生腐蚀;而当阴极电流较大时,钢筋表面阴极反应速度加快,氧化反应产生大量 OH^-,使钢筋表面的混凝土过度碱化,并导致大量氢气析出,破坏钢筋与混凝土的黏结力,使混凝土开裂。钢筋表面尽管仅轻度锈蚀,但会增加氢脆的危险。

在杂散电流作用下,混凝土中电位发生大幅度变化。阳极部位电位正向变化且腐蚀速度较大,在短期内就可能造成危险性破坏;阴极部位的电位负向变化,遭受杂散电流作用的钢筋产生局部缩颈,在锈蚀处呈针尖状的锈蚀状态。

2)化学腐蚀

当钢筋在强碱性环境中(pH值为12.5~13.2),表面会生成一层致密的厚为0.2~1 μm的水化氧化物($Fe_2O_3 \cdot nH_2O$)薄膜(呈钝化状态),保护钢筋免受腐蚀。通常周围混凝土对钢筋的这种碱性保护作用在很长时间内都是有效的。然而一旦钝化膜遭到破坏,钢筋就处于活化状态,就有受到腐蚀的可能性。

使钢筋的钝化膜破坏的主要因素有四点:①当无其他有害杂质时,由于碳化作用破坏钢筋钝化膜;②由于Cl^-作用破坏钢筋钝化膜;③由于离子或其他酸性介质侵蚀而使混凝土碱度降低、钝化膜破坏;④混凝土中掺加大量活性混合材料或采用低碱度水泥,导致钝化膜破坏或根本不生成钝化膜。

3)应力腐蚀

应力腐蚀是一种在腐蚀和拉应力共同作用下钢筋产生晶粒间或跨晶粒断裂现象。随着预应力钢筋混凝土结构的采用,高强钢筋出现的一种特殊形式的腐蚀就是应力腐蚀。应力金属的普通腐蚀比非应力金属更快。应力状态下,高强钢材腐蚀断裂过程产生局部的电化学腐蚀,然后钢筋产生横向裂缝,其方向垂直于主拉应力。裂缝的形成与均匀腐蚀或抗腐蚀的发展无关,当表面只有轻微损害或根本看不出损害时就会出现应力腐蚀。随着裂缝的发展,最后钢筋产生脆断。

4)氢脆

钢材的氢脆具有与应力腐蚀开裂相同的外观,也是形成横向裂缝,并且使应力状态的试件脆性、无缩颈地断裂,但是其破坏机理却不相同。氢脆是由于某些本身并不具备危险性的表面腐蚀过程产生了氢原子造成的。由于硫化氢(H_2S)与铁作用以及杂散电流的阴极大电流腐蚀产生氢原子或放出氢气,氢原子渗入钢材内部并重新结合成分子,失去了能溶于钢中的能力并形成很大的局部内应力。而此相当大的局部应力与高强钢材的低变形性能和高拉应力等因素组合在一起,使钢筋裂缝迅速发展,最后导致脆断。

钢筋混凝土结构中的钢筋腐蚀一般为电化学腐蚀,应力腐蚀和氢脆一般出现在预应力混凝土结构中。

2.影响混凝土中钢筋锈蚀的因素

混凝土中钢筋的腐蚀一般为电化学腐蚀。根据电化学腐蚀的机理可知,空气的湿度、钢筋表面的溶解度、混凝土的碳化情况、混凝土中氯盐的含量等,均对钢筋的腐蚀有影响。

1)湿度的影响

混凝土中的水分越多,混凝土的导电性能越好。因此,空气的相对湿度越高,混凝土中的水分越多,钢筋的电化学腐蚀越快。对于混凝土中的钢筋来说,空气湿度达到 $50\%\sim60\%$ 时就能使金属表面发生电化学腐蚀。

钢筋发生电化学腐蚀的另一个必要条件是钢筋表面的水膜中必须有氧气。水中溶解的氧气多,钢筋的腐蚀速度就快。但当氧浓度超过一定限度(大约 $15\ mL/L,25℃$)后,钢筋表面也会因生成氧化铁薄膜而呈钝化状态,其锈蚀速度减慢。

在高密实性的混凝土(如水灰比小于 0.5)中,即使空气的相对湿度大于 85%,锈蚀也非常缓慢。

湿度不仅直接影响钢筋的电化学腐蚀速度,而且还影响混凝土的碳化速度,从而间接地影响钢筋的腐蚀。混凝土的湿度大时,其自由水含量高,对空气的渗透性低,碳化慢。完全饱和的混凝土不可能碳化,但是完全干燥(相对湿度不大于 25%)的混凝土一般也不会碳化。

2)保护层厚度的影响

在相同的环境下,保护层越厚,保护层完全碳化所需的时间越长,钢筋的腐蚀程度越轻。

除了能延缓钢筋开始腐蚀的时间外,增加保护层厚度还能提高混凝土抵抗钢筋腐蚀膨胀引起混凝土开裂的能力。

混凝土结构在施工和使用中,可能由于各种因素使混凝土的保护层受到破坏,而使钢筋腐蚀加速。施工中的因素主要有钢筋的位置不当使钢筋的保护层厚度减少,钢筋排列过密导致钢筋处的混凝土不密实,混凝土振捣不密实、养护不好等;使用中的因素主要有混凝土由于收缩、徐变、荷载或其他因素形成的裂缝等。

3)裂缝对钢筋腐蚀的影响

混凝土结构的裂缝与钢筋的腐蚀相互作用,可以加剧混凝土结构中钢筋的腐蚀破坏。一方面,混凝土结构的裂缝会增加混凝土的渗透性,加速混凝土的碳化和侵蚀,使钢筋的腐蚀加重;另一方面,钢筋的腐蚀膨胀又会造成混凝土的进一步开裂,从而进一步加重钢筋的电化学腐蚀。以上过程恶性循环作用,使混凝土结构的耐久性大大降低。

裂缝对钢筋腐蚀的影响与裂缝的宽度、裂缝的形式、裂缝的分布、环境条件等有关。暴露实验表明,裂缝宽度越宽,腐蚀程度越重。对于宽度较小的裂缝(小于 $0.1\ mm$),腐蚀初期 $1\sim2$ 年裂缝宽度对腐蚀的发展有很小的影响,后期则无影响;而较宽的裂缝,其初期对腐蚀发展的影响非常明显,直到 10 年后这种影响才变得很小。

裂缝的形式对钢筋的腐蚀也有重要影响。沿钢筋的纵向裂缝导致腐蚀严重,而垂直于钢筋的裂缝只能在局部区域加重钢筋的腐蚀,对钢筋腐蚀的影响较小。因此,钢筋混凝土结构中一旦由于钢筋腐蚀而引起混凝土出现顺筋开裂,会严重降低结构的使用寿命。

裂缝对钢筋腐蚀的影响程度又与环境条件有关。处于露天或潮湿的环境下腐蚀严重;而处于室内干燥的条件下,即使有裂隙,钢筋也基本无腐蚀或腐蚀较轻。

4）氯化物对钢筋腐蚀的影响

氯化物对混凝土中钢筋的腐蚀有明显的加速作用。施工中使用外加剂的混凝土结构、表面使用除冰盐的混凝土结构、沿海或海洋环境中的混凝土结构等，都存在氯化物的侵蚀问题。有资料研究表明，当混凝土中氯离子和氢氧根离子之比大于0.6时，混凝土中的钢筋就会被腐蚀。而且当混凝土中掺入较多的氯化物时，增加保护层并不能减少钢筋的腐蚀。

5）硫酸盐对钢筋腐蚀的影响

硫酸盐中的硫酸根离子也会对钢筋产生腐蚀。所以当混凝土中掺加过多的硫酸盐类外加剂时也会加速钢筋腐蚀。淡水浸烘实验表明，尽管硫酸盐对钢筋的腐蚀影响比氯盐的影响小得多，但掺2%以上的硫酸盐有加速钢筋腐蚀的危险。

6）水灰比和水泥品种的影响

混凝土的水灰比不同、水泥品种不同，混凝土的碳化速度也不同。因此，水灰比和水泥品种对混凝土中钢筋的腐蚀也有影响。混凝土的水灰比越大，钢筋的腐蚀程度越重。因为水灰比越大，氧越容易向混凝土渗透；含碱量低的混凝土，如矿渣水泥混凝土和掺粉煤灰混凝土，由于混凝土碳化速度快，因此钢筋腐蚀的程度就重。

由于电化学腐蚀的前提是钢筋表面的钝化膜因混凝土碳化而破坏，因此影响混凝土碳化速度的因素都会影响钢筋腐蚀的速度和程度，而不仅仅限于以上几种主要因素。实际上，钢筋混凝土中钢筋的腐蚀与混凝土的碳化是钢筋混凝土结构在大气环境下、在正常使用条件下，发生损伤破坏过程的两个不同阶段。

▶ 学习任务二　衬砌腐蚀整治

衬砌背后的腐蚀性环境水容易沿衬砌的毛细孔、工作缝、变形缝及其他孔洞渗流到衬砌内侧，成为隧道渗漏水，对衬砌混凝土和砌石、灰缝产生物理性或化学性的侵蚀作用，造成衬砌腐蚀。隧道衬砌腐蚀分为物理性侵蚀和化学性腐蚀两类。隧道衬砌腐蚀使混凝土变酥松，强度下降，降低隧道衬砌的承载能力，还会导致钢轨及扣件腐蚀，缩短使用寿命，危及行车安全。

衬砌腐蚀整治

衬砌腐蚀整治措施

产生侵蚀的三个要素是：①腐蚀介质的存在；②易腐蚀物质的存在；③地下水的存在具有活动性。针对侵蚀产生的原因和条件，对隧道侵蚀采取的防治措施主要有以下几种：

（1）提高混凝土的密实性和衬砌的整体性。如采用防腐蚀混凝土，或以防水砂浆砌筑不受侵蚀的石料作衬砌（除严格控制水灰比用水量外，应优选石料级配掺和减水剂、引气剂,采用机械拌和和机械振捣)。

(2)外掺加料法。

(3)针对环境水侵蚀性介质不同,合理选用相应的抗侵蚀性较好的水泥(采用低碱高抗硫酸盐水泥、双快水泥最为合适)。中国西南、西北地区,不少隧道地下水中一些侵蚀性介质的浓度超标。

(4)改善加强隧道防排水系统及设备增、改建洞内排水沟、槽,钻孔降排衬砌背后地下水;使用密实的与混凝土不起化学反应的材料在衬砌外表面做隔离防水层。

(5)提高衬砌的防水、防侵蚀能力,综合考虑衬砌加固(如拱背压浆、喷射混凝土补强堵漏、设内外贴式防水层作为防蚀层,除水泥外,尚可采用阳离子乳化沥青乳胶、氯丁乳胶沥青),采用与侵蚀性环境水不起化学反应的天然石料砌筑衬砌。

(6)向衬砌背后压注防蚀浆液。

(7)使用防腐蚀混凝土等。

▶ 学习任务三　衬砌腐蚀预防

隧道衬砌防腐蚀,应首先从搞好勘测设计着手,掌握隧道工程地质和水文地质资料,查明环境水含侵蚀性介质的来源和成分,在正确判定其对衬砌混凝土侵蚀程度的基础上,因地制宜地采取防治措施。针对隧道腐蚀产生的原因和条件,目前对隧道侵蚀采取的防治措施主要有以下几种。

1. 提高衬砌的密实度和整体性

这是提高混凝土抗侵蚀性能最主要的,也是最重要的措施。不管是混凝土或砌块、砂浆遭受化学侵蚀,还是冻融交替,或是干湿交替作用,甚至是几种情况同时存在的最不利情况,共同的必要条件是衬砌的透水性。由于水及其中侵蚀介质能渗透到衬砌内部,才会发生一系列物理、化学变化,致使衬砌混凝土或砌块、灰缝产生腐蚀损坏。如果在修建隧道衬砌时采用了防水混凝土(或防水砂浆等不受侵蚀的石料)作衬砌,提高了衬砌的密实度和整体性,外界侵蚀性水就不易渗入混凝土内部,从而阻止了环境水的侵蚀速度,就可以提高衬砌的耐久性,降低侵蚀的影响。

一般用集料级配法和掺外加剂法配制防水混凝土,来提高隧道衬砌的密实性和防水性。由于隧道衬砌是现场浇筑的,在有地下水活动地段往往很难保证防水混凝土的质量,从而影响防水性,因此要采取相应措施。

2. 外掺加料法

腐蚀主要是由于混凝土中游离的 $Ca(OH)_2$ 等引起的,可以采取降低混凝土中 $Ca(OH)_2$ 浓度的措施来达到抗侵蚀的目的。比如,掺加粉煤灰可以除去游离的 $Ca(OH)_2$,且给予铝相应不活泼性。也可以掺加硅粉,但由于硅粉颗粒细,施工时污染严重,对环境有害,因而其使用受到影响。

3. 选用耐侵蚀水泥

合理选用水泥品种,尽量改善混凝土受侵蚀的内因(如对抗硫酸盐侵蚀的水泥要限制 C_3A 含量不大于 5%,在严寒地区不宜选用火山灰质水泥等),但目前尚没有完全可以消除腐蚀的水泥品种。将合理选择水泥品种与优选粗细集料及级配、掺外加剂、减少用水量等多项措施结合起来,最大限度地提高衬砌的抗蚀性和密实度,配制成防腐蚀混凝土,效果就更好。

目前隧道工程中常用的防腐蚀水泥有抗硫酸盐水泥、高抗硫酸盐水泥、低碱高抗硫酸盐水泥、矾土水泥、石膏矿渣水泥等。

4. 加强衬砌外排水措施

将侵蚀性环境水排离隧道周围,减少侵蚀性地下水与衬砌的接触。在地下水丰富地区,可用泄水导洞法将地下水引至导洞内,减少地下水对主体隧道的影响,一般泄水导洞应根据地下水的活动规律和流向,设在主洞的上游,拦截住地下水。地下水不发育地区,在隧道背后做盲沟,将地下水排入盲沟,从而减少对隧道衬砌的腐蚀。

5. 使用密实的与混凝土不起化学作用的材料

使用密实的与混凝土不起化学作用的材料,在衬砌外表面做隔离防水层,国内常用的防水卷材有 EVA、ECB、PE、PVC 等,这些材料的耐酸碱性能稳定,作为隔离防水层效果理想。

6. 采用与侵蚀性环境水不起化学反应的天然石料砌筑衬砌

这种方法适用于地质条件较好的隧道。

7. 向衬砌背后压注防蚀浆液

这种方法适用于一般隧道。目前,常用注浆材料有阳离子乳化沥青、沥青水泥浆液等沥青类的乳液,以及高抗硫酸盐、抗硫酸盐水泥类浆液。

8. 在衬砌表面涂抹防水防蚀涂料

常用的防水防蚀材料有阳离子乳化沥青胶乳涂料、编织乙烯共聚涂料,近几年还有使用焦油聚氨酯涂料、RG 防水涂料,等等。

对既有隧道的普通混凝土衬砌腐蚀病害,应查明病害原因,结合隧道裂损、漏水病害,综合考虑衬砌加固和改善防、排水条件。对于拱部质量较差的衬砌(有裂损、漏水、厚度不足和腐蚀等病害),一般应同时考虑衬砌背后压浆后,对衬砌圬工仍存在的局部渗漏点采用排堵结合整治,并采用喷射混凝土补强堵漏。成昆线既有隧道裂损、漏水、腐蚀病害综合整治取得的大量成功经验证明：压浆与喷射混凝土是综合整治隧道裂损、漏水、腐蚀三种病害的有效措施。对不需要补强的大面积渗漏水地段，也可采用喷射阳离子乳化沥青乳胶或喷射防水砂浆，做成内贴式防水、防蚀层。在凿毛冲洗干净的坑工面上，喷射混凝土和防水砂浆，均具有黏结性好、密实度高、质量耐久可靠突出优点，应优先考虑采用。

案例分析

某隧道全长 9 418 m，穿越岩溶、煤层与瓦斯、暗河、岩爆及高温地段，地质条件复杂。其中 $D_2K195+740$ — $D_2K197+790$ 段地下水对混凝土具有弱-中等硫酸盐侵蚀。因此正洞及相应平导位置衬砌结构采用 C20 耐腐蚀混凝土，要求耐腐蚀混凝土抗渗等级不小于 P8。

一、地下水特征

为了进一步确认该段地下水对混凝土侵蚀类型及程度，对该段地下水取样进行了化学分析，其分析结果如表 5-1 所示。

表 5-1　地下水分析结果

取样位置	离子浓度/$(mg \cdot L^{-1})$							pH 值
	Cl^-	SO_4^{2-}	HCO_3^-	游离 CO_2	Ca^{2+}	Mg^{2+}	$Na^+ + K^+$	
$D_2K197+650$	12.76	730.06	244.08	28.16	282.96	56.91	149.00	7.4
$D_2K196+540$	14.82	1042.52	150.76	14.3	227.53	45.76	29.50	7.2

依表 5-1 数据，根据舒卡列夫法分类，该水属 $SO_4^{2-} - Ca^{2+}$ 型。选择《铁路混凝土与砌体工程施工规范》(TB 10210—2001)中环境水对混凝土侵蚀类型及程度的判定(参见表 5-2)作为对混凝土侵蚀程度的评价标准。根据该表可以判定该地段为硫酸盐弱-中等侵蚀。

表 5-2　环境水对混凝土侵蚀类型及程度的判定

侵蚀类型	环境条件特征		判断项目	侵蚀程度		
	地质条件	水质 pH 值		弱侵蚀	中等侵蚀	强侵蚀
硅酸盐侵蚀	石膏地层	7.0～8.0	SO_4^{2-} 浓度 /$(mg \cdot L^{-1})$	500～1 000	1 001～2 000	>2 000
	含盐地层	7.5～9.0		1 000～2 000	2 001～4 000	>4 000

二、硫酸盐对混凝土侵蚀的机理

环境水中的钾、钠、镁的硫酸盐，它们与水泥石中的氢氧化钙起置换作用而生成硫酸钙。硫酸钙与水泥熟料矿物中 C_3A 水化生成的水化铝酸钙作用生成高硫型水化硫铝酸钙

（3CaO · Al₂O₃ · 3CaSO₄ · 31H₂O,俗称钙矾石）。钙矾石溶解度极低,会结晶沉淀出来,钙矾石晶体长大造成的结晶压使混凝土膨胀开裂。因此硫酸盐侵蚀的根源是硫酸盐溶液和水泥中的 C_3A 矿物的水化生成物和 $CaSO_4$ 反应形成钙矾石的膨胀。

三、侵蚀防治对策

（一）控制原材料的质量,选取恰当的配合比

原材料直接影响着混凝土的耐久性,包括水泥、集料,以及是否掺加混合材料等;而配合比则直接关系到混凝土的密实性,适当的配合比,既有利于施工,又能满足性能要求,混凝土耐久性也很好。根据本工程的实际要求,我们采用了"双掺"技术,对原材料的要求及配合比的选择具体情况如下:

1.原材料

（1）水泥:选用重庆地维水泥厂生产的地维牌 P.O.32.5R 水泥。

（2）细骨料:由石灰岩轧制而成的机制砂,其技术性能必须满足《铁路混凝土与砌体工程施工规范》(TB 10210—2001)的规定要求,具体如表 5-3、表 5-4 所示。

表 5-3　机制砂技术要求

项　　目	技术要求
粉末含量（颗粒小于 80 μm 的石粉、尘屑、淤泥和黏土的总含量）	≤10%
泥块含量	≤0.5%
硫化物和硫酸盐含量（折算成 SO_3)	≤1.0%
坚固性指标	≤8%
云母含量	≤1.0%
压碎指标	≤35%
有机物含量（用比色法试验）	颜色不深于标准色

表 5-4　机制砂颗粒级配范围

筛孔尺寸/mm	10	5	2.5	1.25	0.63	0.315	0.16
累计筛余量	0	0～10%	15%～40%	35%～60%	50%～75%	65%～90%	80%～100%

试验验证表明,粒径小于 0.08 mm 的石粉含量宜在 6%～8%之间,这样既能保证混凝土的和易性,又能增加混凝土的耐久性能。

（3）粗骨料：由石灰岩破碎加工而成的碎石，其级配为 5～31.5 mm 连续级配，针片状颗粒含量≤10%，含泥量≤1%，泥块含量≤0.25%，骨料不得受腐蚀介质污染。

（4）外掺料：采用重庆珞璜电厂生产的 Ⅱ 级粉煤灰[其技术指标满足《用于水泥和混凝土中的粉煤灰》(GB/T 1596—2017)中 Ⅱ 级粉煤灰的要求]，掺加采用超量取代法。

（5）外加剂：采用天津斯泰迪牌 SRA-1 型混凝土防腐剂。其特点如下：能使混凝土具有防腐蚀、抗冻融及低渗透等良好性能，使水泥的水化热降低、混凝土的收缩值减小。其抗渗标号可达到 P15，抗硫酸盐浓度为 15 000 mg/L，其掺量为 2%～3%，减水率达 12%。

2. 配合比的确定

设计要求：强度等级 C20，抗渗等级大于 P8，最小水泥用量（包括掺合料）≥330 kg/m³，水灰比≤0.5。混凝土施工为泵送施工，坍落度宜为 14～16 cm。根据设计要求及《普通混凝土配合比设计规程》(JGJ 55—2011)，采用正交法设计，得出 C20 泵送耐腐蚀混凝土配合比为 m(水泥)∶m(砂)∶m(碎石)∶m(水)∶m(粉煤灰)∶m(SRA-1 防腐剂)＝315∶760∶1 050∶187∶79∶9.45＝1∶2.41∶3.33∶0.59∶0.25∶0.03。

(二)抓好施工控制，改善施工质量

合理的混凝土配合比是抗侵蚀的基本条件，但更重要的是注意施工质量。改善施工质量，提高混凝土的密实性和抗渗性，硬化混凝土越密实、抗渗性能越强，环境的侵蚀介质也越难进入。

1. 混凝土拌合控制

混凝土的拌制应采用自动计量装置，对其自动上料系统、水计量系统要进行周期检定，并在每一次拌合之前进行印证。拌合之前要测定砂石料含水量，并将理论配合比换算为施工配合比；拌合过程中要随时注意含水量的变化；要保证拌合时间，宜在 2～2.5 min；拌合过程中要加强对混凝土坍落度的测定，当混凝土坍落度有明显变异时，应及时分析，并调整施工配合比。

2. 运输和泵送

运输混凝土应采用混凝土运输罐车，以保证在运输过程中不造成离析现象，同时又能保证隧道左右侧灌注的连贯性，避免出现施工缝。混凝土输送工作应连续进行，混凝土输送泵应安置在靠近浇筑的地点，以保证混凝土易泵送且不出现堵管。输送管出料口至灌筑面高度不得超过 2 m，否则混凝土易离析。

3. 浇筑

混凝土应水平分层进行灌注，厚度宜为 30～40 cm，且要一次连续灌筑。隧道衬砌应两侧对称浇筑混凝土，其高差不应大于 1 m，一侧浇筑间歇时间不应大于 1 h。振捣是提高混凝土密实性、防止 SO_4^{2-} 向混凝土内渗透的关键，其中正确的振捣（即不漏振、不过振）尤为重要。每一振点的振捣持续时间宜为 20～30 s,以混凝土不再沉落、不出现气泡、表面呈现浮浆为度。

4. 养护

混凝土的保温、保湿养护是不可忽视的,它是提高混凝土强度,抗渗、抗冻性能,以及防止裂缝的重要因素。因此,对耐腐蚀混凝土更要加强养护,混凝土终凝后立即开始洒水养护,养护时间不应少于 21 d,如有条件,应长期使混凝土保持潮湿状态。养护水要避免采用含有腐蚀介质的水,应与拌合用水相同。

(三)地下水的防治

对于有地下水侵蚀的地段,在加强混凝土自身耐腐蚀的同时,加强地下水的防治也具有重大的意义。可通过采用堵、排、截相结合的方法,对隧道衬砌实行防排水,使得地下水对混凝土不构成侵蚀,以达到不受侵蚀的目的。防排水采用防排结合,以防为主。采用大幅无钉铺设复合防水板,并在防水板背后每隔 4～6 m 环向铺设软式透水管,可使附近的地下水汇集到透水管,并通过透水管排入隧道水沟内。铺设复合防水板要严格按设计执行,细致规范操作。埋设前先检查喷射混凝土表面,凹凸不平严重地段必须补喷混凝土,达到表面平整,并及时清除锚杆头、铁丝等坚硬物体,以免损伤防水板。复合防水板搭接接头处理宜采用热楔法焊接,搭接接头完成后必须对连接质量进行检查,重点检查搭接宽度、搭接严密情况等。

隧道衬砌环向施工缝要特别加强。采用遇水膨胀型橡胶止水条止水。为避免止水条吸水膨胀,应在下一轮混凝土模板安装固定后再贴止水条,完成后再浇筑混凝土。另外,安装时注意按照从下往上的顺序,避免止水条因承受不了自重而变形甚至拉断。

技能训练

1.什么是衬砌腐蚀?

2.衬砌腐蚀的影响因素和危害有哪些?

3.物理性腐蚀的类型和机理有哪些?

4.化学腐蚀的类型和机理有哪些?

5.腐蚀混凝土的外观特征有哪些?

6.什么是腐蚀的三要素?

7.整治衬砌腐蚀的措施有哪些?

隧道洞口病害及整治

教学目标

知识目标

1. 熟悉隧道洞口病害的基本知识；
2. 掌握隧道洞口病害的类型和原因；
3. 掌握隧道洞口病害的防治方法。

技能目标

1. 能进行洞口病害观测和检测；
2. 能分析洞口病害原因；
3. 能够选定隧道洞口病害处治方法。

素质目标

1. 培养吃苦耐劳的精神；
2. 具有良好的职业道德；
3. 培养分析问题和解决问题的能力。

任务导入

宝成铁路中北段，位于秦岭山脉南坡，陕西省白水江镇至四川省广元市之间，铁路沿嘉陵江河谷而行，地势险要，桥隧相连，高堤深堑，曲线半径小，沿线地质条件极为复杂。尤其是每年 8 月份中、下旬，发生特大暴雨机会增多，易导致山洪暴发，嘉陵江水位猛涨，致使工务段管内线路、桥隧、路基设备遭到巨大损失，灾情严重。沿线发生崩塌、落石、边坡坍塌、滑坡等地质灾害堵塞隧道洞口，造成巨大损失。试分析洞口病害发生的原因和处理方法。

任务实施

隧道洞口是隧道进出的咽喉，又是隧道施工中的主要通道，也是整个隧道的薄弱环节。由于洞口所处地质条件差，多为严重风化的堆积体；覆盖层厚度较薄，还受到地表水的冲刷；加上隧道一旦开挖,山体受扰动等原因,容易造成山体失稳,产生滑动和坍塌。设计施工时应贯彻"早进晚出"的原则,让隧道早一点进洞,晚一点出洞。

▶ 学习任务一　隧道洞口病害成因

一、隧道洞口病害原因

在山区铁路隧道的日常养护维修中,常见隧道洞口的病害主要发生在隧道仰坡、洞口路堑边坡及自然山坡上。其病害有崩塌、落石、滑坡、溜坍、坍塌、流泥漫道、洞口路基冲毁等,进而引起隧道洞口排水设备失效、洞门端墙摧毁、洞口段衬砌拱部及边墙出现纵向或环形裂缝,洞顶泥石流掩埋洞口及线路、排水设备堵塞、洞口建筑物破坏、洞内线路翻浆冒泥等后果。

我国在20世纪70年代以前修建的隧道没有遵循贯彻"早进晚出"的原则,一味追求短隧道、少挖洞,隧道洞口病害很严重。据略阳工务段管内逐年增建和接长的明洞调查分析,由于崩塌、落石、滑坡等原因而增设和接长的明洞约占90%(其中主要是落石病害,占70%)。甚至由于崩塌、滑坡产生洞口严重病害,无法就地整治而被迫改线绕避。

隧道洞口病害主要产生的原因有如下几种:

1."早进晚出"原则

为抢工期、节约投资,采取晚进早出的方针,缩短隧道长度,进出口为明挖路堑,切割山体坡脚致失去平衡,是造成山区铁路隧道洞口病害的根本原因。

2.降雨量大,持续时间长

水是造成隧道坍方的重要原因之一,降雨量大、降雨强度高、持续时间长,都是造成山区隧道洞口病害的主要天然因素。如2021年9月,暴雨造成安康铁路分局管内西康线长安—小峪区间61 km+700 m处发生山体滑塌,造成线路中断,致使西康线各次列车全部停运。

3.隧道洞口地质条件较差,山体覆盖层薄

隧道洞口水文地质条件差、山体覆盖层薄,实质上是由于隧道洞口位置选择不当,留下了隐患,会在洞口仰坡或出口路堑处发生滑坡、坍塌、溜坍等现象。隧道洞门地段岩质松散,基础未落到完整基岩上,深度不够,或土质隧道洞口排水不良,使基础土壤浸水软化,造成基础承载力不足,致使洞门及洞口段衬砌下沉断裂。

如宝成铁路略阳王家沱鲁光坪4号隧道南口,在新建过程中曾发生过洞门口仰坡滑坡,后

来设洞门挡土墙加固山体,20余年未发现任何山体异变。1981年沿线发生特大暴雨,该隧道洞口突然发生滑坡性崩塌,破坏线路200余米,将隧道洞口右侧挡土墙大部分推倒,洞门口全部堵死,土石推进隧道内纵深7 m。

4.桥涵孔径不足,洪水倒灌隧道

我国目前线路设计中桥隧占比高,山区线路更甚,很多线路隧道与桥涵常紧密相连。若桥涵设计孔径不足,洪水倒灌隧道,则造成隧道内线路严重翻浆冒泥。

5.明洞结构设计不当,抗滑力不足

当洞口地段有滑坡、崩塌时,会形成偏压,若明洞结构设计不合理,抗滑力不足,则会使洞门及洞口段衬砌开裂下沉。

6.其他原因

仰坡及自然山坡水土流失、洞口排水设备堵塞,造成山坡坍塌、流石流泥等病害。电气化铁路接触网要在洞门端墙上安装下锚,由于长期的拖拉力作用,可能导致洞门结构损坏。

二、隧道洞口及洞门的检查及状态评定

以公路隧道为例,对洞口及洞门的检查评定分为经常性和定期检查评定。检查内容主要是隧道洞口边仰坡崩塌落石、滑坡;偏压隧道或者明洞的山体滑动和衬砌有无变形裂缝等;明洞顶填土厚度和坡度是否符合要求。经常性检查以定性判断为主,检查内容和判定标准按照表6-1执行,破损状况判定分为三种情况:情况正常、一般异常、严重异常。

表6-1　公路隧道洞口及洞门日常检查的结果判定

项目名称	检查内容	判定	
		一般异常	严重异常
洞口	边(仰)坡有无危石、积水、积雪;洞口有无挂冰;边沟有无淤塞;构造物有无开裂、倾斜、沉陷等	存在落石、积水、积雪隐患;洞口局部挂冰;构造物局部开裂、倾斜、沉陷,有妨碍交通的可能	坡顶落石、积水漫流或积雪崩塌;洞口挂冰掉落路面;构造物因开裂、倾斜或沉陷而致剥落或失稳;边沟淤泥已妨碍交通
洞门	有无结构开裂、倾斜、沉陷、错台、起层、剥落;有无渗漏水(挂冰)	侧墙出现起层、剥落;存在渗漏水或结冰,尚未妨碍交通	拱部及其附近部位出现剥落;存在喷水或挂冰等,已妨碍交通

定期检查需要配备必要的检查工具或设备,进行目测或者量测检查,如表6-2所示。检查时,应尽量靠近结构,依次检查各个结构部位,注意发现异常情况和原有异常情况的发展变化;对有异常情况的结构,应当在适当位置做出标记。

表6-2　定期检查内容表

项目名称	检查内容
洞口	山体滑坡、岩石崩塌的征兆及其发展趋势；边坡、碎落台、护坡道的缺口、冲沟、潜流浦水、沉陷、塌落等及其发展趋势
洞口	护坡、挡土墙的裂缝、断缝、倾斜、鼓肚、滑动、下沉的位置、范围及程度，有无表面化、泄水孔堵塞、墙后积水、地基错台、空隙等现象及其程度
洞门	墙身裂缝的位置、宽度、长度、范围或程度
洞门	结构倾斜、沉陷、断裂的范围、变位量、发展趋势
洞门	洞门与洞身连接处环向裂缝开展情况、外倾趋势
洞门	混凝土起层剥落的范围和深度，钢筋有无外露、受到锈蚀
洞门	墙背填料流失范围和程度

三、隧道洞口工程技术状况评定标准

隧道洞口技术状况评定应根据定期检查资料，综合考虑洞门、结构和附属设施等各方面的影响，确定隧道洞口和洞门技术状况评定标准等级（见表6-3和表6-4）。

表6-3　隧道洞口技术状况评定标准

状况值	技术状况描述
0	完好，无破损现象
1	山体及岩体、挡土墙、防护等有轻微裂缝产生，排水设施存在轻微破坏
2	山体及岩体裂隙发育，存在滑坡、崩塌的初步现象；坡面树木或电线杆轻微倾斜；挡土墙、护坡等产生开裂、变形，土石零星掉落；排水设施存在一定裂损、阻塞
3	山体及岩体严重开裂；坡面树木或电线杆明显倾斜；挡土墙，护坡等产生严重开裂或明显的永久变形；墙角或坡面有土石堆积；排水设施完全堵塞、破坏，排水功能失效
4	山体及岩体有明显而严重的滑动、崩塌现象，挡土墙护坡断裂、外倾失稳、部分倒塌，坡面树木或电线杆倾倒等

表6-4　隧道洞门技术状况评定标准

状况值	技术状况描述
0	完好，无破损现象
1	墙身存在轻微的开裂、起层、剥落

续表

状况值	技术状况描述
2	墙身结构局部开裂,墙身轻微倾斜、沉陷或错台;墙面轻微渗水。尚未妨碍交通
3	墙身结构严重开裂、错台;边墙出现起层、剥落,混凝土块可能掉落或已有掉落;钢筋外露、受到锈蚀;墙身有明显倾斜、沉陷或错台趋势;壁面严重渗水(挂冰),将会妨碍交通
4	洞门结构大范围开裂,墙体断裂,混凝土块可能掉落或已有掉落;墙身出现部分倾倒、垮塌,存在喷水或大面积挂冰等,已妨碍交通

▶ 学习任务二　隧道洞口病害整治

----PPT····

隧道洞口
病害整治

····微课

隧道洞口
病害整治

一、隧道洞口病害整治

隧道洞门病害是隧道洞口病害的一种。隧道洞门是支挡进出口正面仰坡及路堑边坡,连接洞内衬砌,拦截和排导仰坡水流和小量土石,防护洞门线路和保证行车安全的建筑物。对隧道洞门病害的整治措施见表6-5。

表6-5　隧道洞门病害及防治措施

序号	洞门病害类型	产生原因	防治措施
1	端墙前倾,洞口段衬砌拱墙环向裂开	①仰坡山体坍滑; ②端墙后岩土冻胀	①清除坍滑土体,必要时修建支挡工程稳定仰坡; ②更换墙后冻胀土,并加强排水
2	端墙及洞口段衬砌纵裂	洞口段为土质地基,地表水下渗软化基底,衬砌下沉	①加固地基,如压浆; ②封闭基面,防止地表水下渗; ③网喷加固衬砌裂损
3	崩爆落石	隧道洞口在陡峻的山坡下,危石多	①修建支挡墙或喷锚加固危岩; ②接长明洞防护
4	洪水或泥石流淹埋洞口	洞口附近有泥石流沟通过,无可靠防护措施	①修建拦挡和排导工程; ②接长明洞防护
5	斜交洞口衬砌压裂	山体两侧不均匀围岩压力挤压	①加固斜交洞口衬砌; ②改斜交洞口为正交洞口

二、洞口加强段衬砌更新

隧道洞口附近一般均为覆盖层较薄、岩层风化较严重的地段,地层压力也较大,有些在修建时还曾发生过坍方,将给运营带来很多困难。对翻修洞口加强段衬砌,如覆盖层很薄,土石方工作量较小,可采用明挖法施工;而当覆盖层较厚时,可利用洞口的有利条件,从洞顶仰坡开挖导洞施工,或者采用管棚支护全断面开挖,整体浇筑衬砌。

三、洞门墙加固

洞门墙前倾、下沉、滑动,产生竖、横、环状裂纹,有时会影响到紧连洞门的环节衬砌。对其加固方法如下:

(1)增设支撑。支撑可采用翼墙或扶壁两种形式,如图6-1所示。

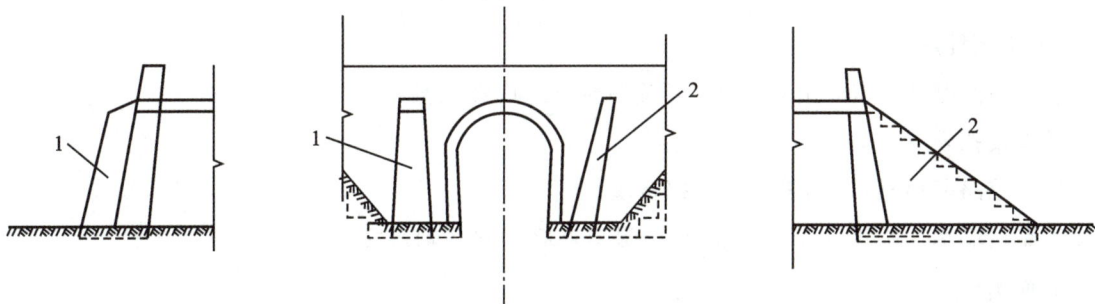

1—扶壁;2—翼墙。

图6-1　洞门支撑

无论扶壁是采用混凝土结构、钢筋混凝土结构还是砌石结构,都需要解决垂直运输问题。当翼墙采用砌块石结构时,应先按翼墙坡度斜面大致砌成台阶形,再在台阶上砌斜面石或按坡度立模板灌筑混凝土。运送材料可以利用路堑边坡做台阶或搭设不陡于1∶3的脚手架。

(2)附加洞门墙。紧贴原洞门墙面附加一个新洞门墙,可以有效地加固原有洞门墙。

四、增建明洞

应按照不同的地质、地形条件,选择不同形式的明洞结构。

(一)基础施工

1.一般架设法

如地形、地质条件不复杂,且基础开挖较浅,则在线路两侧按设计位置架设纵向扣轨梁,分段掏空开挖施工。

2. 路基墙法

(1)适用范围:明洞外侧岩层陡峻、基础很深时采用,如图 6-2 所示。

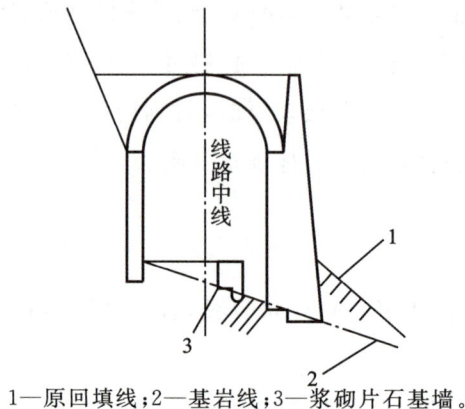

1—原回填线;2—基岩线;3—浆砌片石基墙。

图 6-2　路基墙施工法

(2)施工程序。

①确定路基墙与马口开挖宽度,以及扣轨梁跨度和组数;

②架设扣轨梁;

③开挖路基墙马口,砌浆砌片石路基墙;

④路基墙圬工强度达 100% 后,开挖明洞外墙基础并砌筑之。

3. 便梁法

1)适用范围

由于地质构造条件,明洞基础中间一段突然变深很多,而两端较浅时,可用拼装梁作大跨度纵向架设,进行施工,如图 6-3 所示。

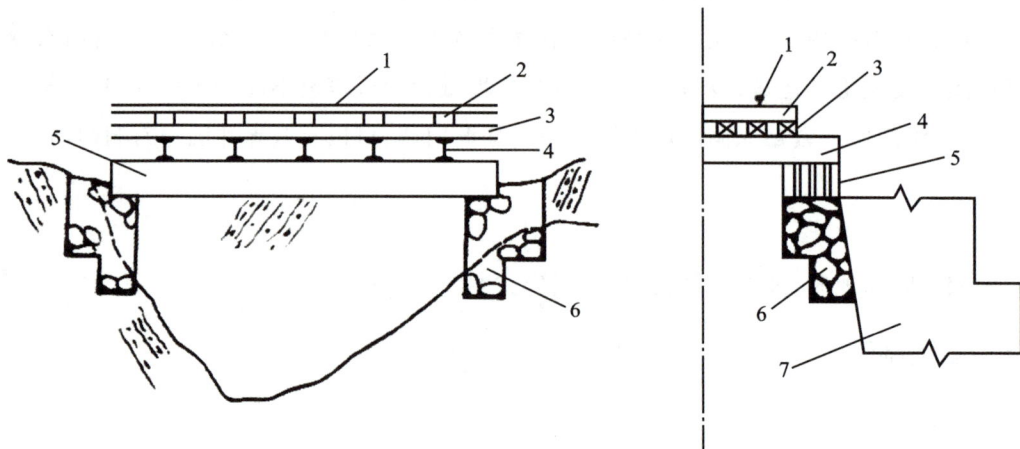

1—基本轨;2—枕木;3—方木;4—工字梁;5—拼装梁;6—浆砌片石基座;7—边墙基础。

图 6-3　变梁施工法

2)施工程序

①施工时,外边墙尽量由两端向中间砌筑,墙内侧要同时砌筑便梁基础,在达到预定距离、高度,且基座强度足够时,将便梁架上;

②在便梁上架设工字钢作横抬梁(工字钢断面、间距经计算确定),在其上铺 30 cm×30 cm 方木或纵向扣轨梁,支承枕木、钢轨,限速行车并施工;

③上述架设工作完工后,即可在墙中部开挖、砌筑或灌注基础。

4. 便线法

1)适用范围

正线外侧有较宽阔的场地或土石方数量不大,拨移正线不受控制的地段可采用。

2)施工程序

①根据基坑开挖宽度、深度、坡度确定两线间的距离,并适当留出富余宽度;

②开挖便线路基土石方,按标准做好路基,铺设便线;

③开通便线,限速行车;

④封闭正线,进行明洞基础开挖、砌筑或灌注基础。

5. 墩座扣轨法

1)适用范围

当明洞内外墙基础特别深,其他各法均不适宜时,可采用此法施工,如图 6-4 所示。

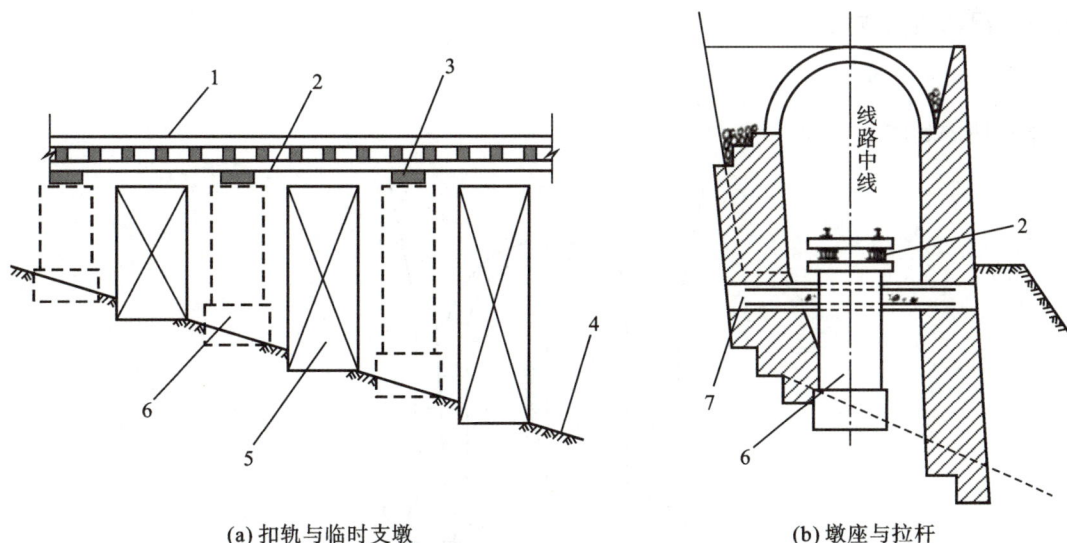

(a) 扣轨与临时支墩　　　　　　(b) 墩座与拉杆

1—基本轨;2—纵向轨束梁;3—支撑垫木;4—岩层面;5—枕木临时支撑;6—浆砌片石墩座;7—钢筋混凝土拉杆。

图 6-4　墩座扣轨法

2)施工步骤

①在列车间隔时间内，用停车防护。每隔 5 m 左右，挖两个枕木坑，在路基面上并排横放三根横向枕木，留作为纵扣轨支座。然后回填石碴，放行列车。

②另用一次封锁时间，在轨枕下架纵扣轨梁。

③在每孔纵扣梁的跨中（称位置甲）向下开挖，根据一次封锁时间长短决定开挖深度，并保证能搭好临时枕木垛甲，方可限速放行列车。

④在纵扣轨梁的接头处加设吊轨梁。

⑤在两木垛之间（即浆砌片石墩座位置，称位置乙）继续下挖，当开挖深度超过枕木垛底时，要封锁区间施工。开挖到一定深度时，立即搭枕木垛乙，支承纵扣轨。

⑥利用新搭的枕木垛乙支承扣轨，拆出枕木垛甲，并继续下挖。重复⑤⑥，直至枕木垛甲落在实基岩上为止。

⑦拆去枕木垛乙，在位置乙上砌筑浆砌片石墩座。

⑧墩座强度达到设计要求后，在其上加垫，使之支承纵扣轨。

⑨拆除枕木垛甲，即可进行明洞墙基开挖。

⑩可根据墙基砌筑高度进行明洞底部回填。

待墙基超出路基面，达到设计强度的 70% 后，即可撤除扣轨，铺设道床，恢复线路通车。

(二)边墙施工

当明洞基础已经完成，即可接筑边墙，接筑边墙的施工方法可参照有关规定。下面介绍两种特殊情况的施工方法。

1. 利用路堑挡墙的施工

路堑挡墙如图 6 - 5 所示。

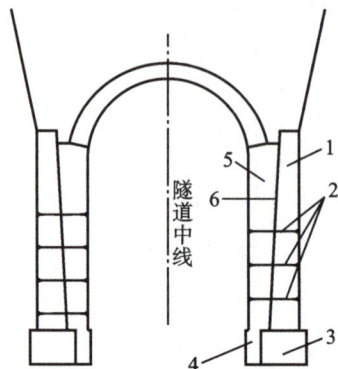

1—既有挡墙；2—锚杆；3—既有挡墙基础；4—接长基础；5—新作边墙圬工；6—挡墙表面凿毛。

图 6 - 5　路堑挡墙增建明洞

施工程序如下：

①检查既有挡墙位置、厚度、强度和质量，确定是否还需加固。

②清除既有挡墙坡面污物，进行凿毛并安设灌浆楔缝锚杆。

③改移旧有路堑侧沟，必要时进行线路吊轨或扣轨架设。对开马口跳槽开挖边墙基础的，根据土质及坑深进行支护。

④砌筑或灌筑边墙基础及边墙。

2. 有路肩挡墙可利用者的施工

施工程序参照前述，如图6-6所示。

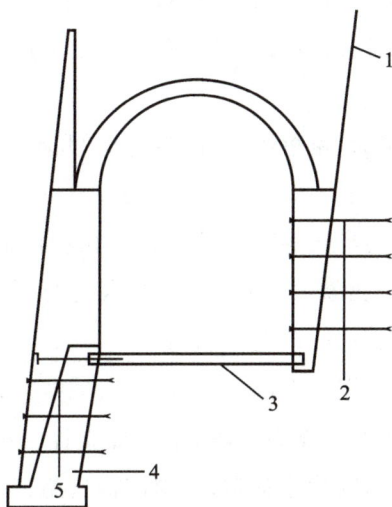

1—坚硬岩层坡面凿成台阶；2—锚杆；3—钢筋混凝土拉杆；4—既有路肩挡墙；5—锚杆穿过路肩墙0.5 m。

图6-6　既有路肩挡墙增建明洞

（三）拱部施工

1. 现浇拱圈法

（1）边墙衬砌将到起拱线时，设置砌块丁头、牛腿或预制构件，以作拱架支座，随即架立拱架及模型板，浇灌混凝土或钢筋混凝土。

（2）待混凝土达到25%设计强度后，拆除外模板，用灰浆找平，作防水层；并按设计填黏土隔水层。

（3）拱背回填土应自两侧拱脚对称向拱顶进行，每层厚0.3 m并夯实。填过拱顶0.3 m时，即满铺填筑。

2. 预制安装拱圈法

此法边墙系砌筑或现浇混凝土，边墙筑完后再行安装预制拱圈。墙顶与拱脚相接处应留出能与预制砌块吻合的斜面。

五、接长明洞

接长明洞的施工方法与增设明洞的施工方法基本相同,但施工顺序,以及拆除既有隧道洞外建筑物、加设临时支撑等工作,与增设明洞稍有不同。接长明洞可分为下列三种情况:

(1)既有洞门外无翼墙、支垛、路堑挡墙者,施工方法与增设明洞相同。但既有隧道洞门圬工应凿毛或加牵钉,使新旧圬工容易黏合。若在新旧隧道交界处作沉降缝,则原洞门基础纵向伸出部分应作凿断处理。

(2)既有洞门处设有翼墙、支垛、路堑挡墙,在拆除此类建筑物不致引起既有洞门端墙倾斜或显著变形时,应先行拆除洞外建筑物,再行接长明洞。也可按设计保留洞外部分建筑物,以作接长明洞圬工的一部分。

(3)既有洞门外设有翼墙、支垛、路堑边墙等,拆除时可能引起原有洞门端墙倾斜或显著变形时,其施工方法有:

①新洞回头法:新建明洞。逐步向隧道连接。自增长明洞洞门起,逐步向原有隧道或明洞进行施工。待新建明洞接近原有翼墙和支垛时,可分段进行拆除翼墙,随即砌筑一段新明洞。必要时运出原有洞门上部所填土石方,以期对洞门卸载。

②旧洞延伸法:拆除既有洞门端墙上部土石方,进行减载。在原翼墙靠近洞门部分4~5 m范围内,自上而下拆除,利用剩余部分作为支垛,中间加支撑。进行接长明洞段的挖基,砌筑边墙。再拆除其余部分翼墙和支垛,继续挖基砌筑,向前推进施工。

▶ 任务三　隧道洞口病害预防

对隧道洞口病害的预防措施有以下几种:

(1)在山区铁路修建隧道应坚持"早进晚出"的方针,不给运营、维修部门留下隐患。

(2)在山区铁路峡谷地段,经常发生崩塌、落石、滑坡等不良地质现象时,线路不宜修建短隧道群,应该将线路内移,选用长隧道方案。

(3)线路跨越自然沟谷时,切莫并沟减涵,宜桥不宜涵。在桥隧相连,两座隧道相距较近时,不宜留槽口,应采用明洞上设渡槽连接,让落石或山沟泥石流从洞顶通过。

(4)严禁在隧道地界内开荒种地,破坏植被。

PPT

隧道洞口病害
预防及综合案例

微课

隧道洞口
病害预防

案例分析

隧道洞口病害处理

一、基本情况

宝成铁路中北段,位于秦岭山脉南坡,陕西省白水江至四川省广元间,铁路沿嘉陵江河谷而行,地势险要,桥隧相连,高填深堑,曲线半径小。沿线地质极为复杂。尤其是每年8月份中、下旬,发生特大暴雨机会增多,导致山洪暴发,嘉陵江水位猛涨。致使工务段管内线路、桥隧、路基设备遭到巨大损失,灾情严重。沿线发生崩塌、落石、边坡坍塌、滑坡等地质灾害堵塞隧道洞口,造成巨大损失。

二、洞口病害原因

宝成铁路1952年动工修建,1957年建成,线路多为沿河绕行,曲线半径小,短隧道多,施工技术水平低。其隧道病害的主要原因有:

(1)施工采用的是"晚进早出"原则;

(2)8月份为西南地区雨季,降雨量大,持续时间长;

(3)隧道洞口地质条件较差,山体覆盖层薄;

(4)桥涵孔径不足,洪水倒灌隧道;

(5)开荒种地,水土流失严重;

(6)明洞结构设计不当,抗滑力不足;

(7)对病害危害性认识不足,整治不彻底;

(8)运营维修重视程度不够,忽视隧道洞口病害的综合整治。

三、预防措施

(1)在山区铁路修建隧道要坚持"早进晚出"的原则,不给运营、维修部门留下隐患。

(2)在山区铁路峡谷地段,经常发生崩塌、落石、滑坡等不良地质现象时,线路不宜修建短隧道群通过,应该将线路内移,选用长隧道方案。

(3)线路跨越自然沟谷时,切莫并沟减涵,在设计选择桥涵类型时宜桥不宜涵、逢沟设桥。

(4)隧道洞口小桥涵设计时,要考虑暴雨径流,还应满足泥石流的要求。在桥隧相连,两座隧道相距较近时,不宜留槽口,应采用明洞渡槽连接,让自然沟的泥流从洞顶通过。

(5)严禁在禁耕区和铁路地界内开荒种地,砍伐树木,破坏植被。

技能 训练

1. 造成隧道洞口病害的主要原因有哪些？

2. 隧道洞口病害的主要类型有哪些？

3. 隧道洞口病害的预防措施有哪些？

4. 简述洞门墙加固措施。

5. 增建明洞的基础施工可采用哪些方法？

6. 简述增建明洞的边墙施工措施。

运营隧道通风与防灾救援

教学目标

知识目标

1. 熟知隧道内空气的卫生标准；
2. 掌握铁路隧道有害气体的防治方法；
3. 掌握铁路隧道和公路隧道的通风方式。

技能目标

1. 能进行隧道通风方式的选择；
2. 能分析隧道火灾的原因；
3. 能选定铁路隧道有害气体的防治方法。

素质目标

1. 培养踏实肯干的职业精神；
2. 培养安全和质量意识；
3. 培养分析问题和解决问题的能力。

任务导入

乌鞘岭隧道位于兰新线兰武段打柴沟车站和龙沟车站之间,设计为两座单线隧道,隧道长 20 050 m,隧道出口段线路位于半径为 1 200 m 的曲线上,右、左缓和曲线伸入隧道分别为68.84 m、127.29 m,隧道其余地段均位于直线上,隧道线路纵坡为 1.1％ 的单面下坡,右线隧道较左线隧道高 0.56～0.73 m,洞身最大埋深 1 100 m 左右。试确定该隧道运营通风方式和防灾救援设计。

任务实施

列车在通过隧道时,会排放大量煤烟和有害气体,同时还会散发出很多热量,如一氧化碳、氮氧化合物、二氧化硫、磷化物等,隧道穿经煤层或某些地层还会放出甲烷、硫化氢。而隧道一般只有进出口与大气相通,是一个相对闭塞的空间,有害气体不能及时消散,其浓度聚积到一定程度时会产生许多不良影响。为此,长大隧道运营时必须进行洞内通风,将有害气体及热量排出洞外,把新鲜空气引入洞内。隧道通风就是采用自然或机械方式使隧道内外气体进行交换,以冲淡有害气体浓度,解决空气污染问题。

▶ 学习任务一　铁路隧道运营通风

一、铁路隧道内空气的卫生标准

铁路隧道运营通风可以分为自然通风和机械通风,隧道运营通风方式的选择应根据技术和经济条件,考虑安全、效果等因素综合比较确定。《铁路隧道运营通风设计规范》(TB 10068—2010)中规定,铁路运营隧道内空气的卫生标准应满足下列要求:

PPT

铁路隧道
运营通风

(1)列车通过隧道后 15 min 内,空气中 CO 浓度小于 30 mg/m³,氮氧化物(换算成 NO_2)浓度小于 10 mg/m³;

(2)电化运营隧道内的卫生标准还应符合隧道湿度小于 80%,温度低于 28 ℃,臭氧浓度小于 0.3 mg/m³,含有 10% 以下游离二氧化硅的粉尘浓度小于 10 mg/m³;

(3)瓦斯隧道运营期间,必须进行瓦斯检测,隧道内在任何时间、任何地点瓦斯浓度不得大于 0.5%。

二、铁路隧道内有害气体的综合防治方法

隧道运营通风应尽可能利用列车活塞风和自然风。当利用列车活塞风与自然风的共同作用可完成隧道通风时,应选择自然通风。

微课

铁路隧道
有害气体防治

1. 提高列车通过隧道的行驶速度

在隧道线路设计中,可以使用连续长大坡道保证列车运行时具有较高的速度,具有了这样的速度,列车不致在洞内用足马力,增大废气排量,而且可快速通过,会形成较大的活塞风,促使洞内换气。

隧道内的行车速度对烟气浓度影响较大。车速高,机车在洞内走行的时间短,隧道内的烟雾浓度就低,所以车速快慢是决定隧道内有害气体浓度高低的主要因素。因此,提高通过隧道的车速,不仅可以改善司机室的环境,还可以削减高峰浓度,以及有利于将有害气体排出洞外。

2. 铺设整体道床,减少维修工作量

隧道内养护维修工作条件比洞外差,工作效率低,碎石道床维修工作量大,且体力劳动繁

重。采用整体道床等新型轨道结构,可大大减少养护维修工作量,减轻体力劳动。

据调查,一般情况下整体道床比碎石道床可减少维修工作量80%以上。从而减少维修人员进洞受侵害的时间,相应地也减少人类活动滋生的另一种污染。除此以外,铺设整体道床可大大提高线路质量,有利于提高车速,从而利于有害气体的排出。

3. 机械通风

《铁路隧道运营通风设计规范》(TB 10068—2010)中规定,自然通风条件不良的隧道,经过空气化验或者通风试验,不能在规定时间内达到规定标准时,应设置机械通风。机械通风洞内风速不应大于8 m/s。电力机车牵引,长度在20 km以上的高速铁路隧道以及长度大于15 km的货运专线、客货共线铁路隧道应设置机械通风;内燃机车牵引,长度在2 km以上的铁路隧道宜设置机械通风;有特殊要求的铁路隧道应设置机械通风,如有害气体隧道、高地温隧道和有异味隧道等。

4. 避车洞处安装防烟门,工作人员配置防毒口罩

在一些高浓度持续时间较长的隧道,可在避车洞处安装防烟门,当列车通过隧道时,将门关上避车,有害气体和煤烟不易渗入,避免了工作人员吸入高峰浓度的有害气体,效果较好。

以上4种措施,最关键的是通风,只有有效地通风并辅以其他措施,才能更好地发挥效果。下面着重介绍运营隧道通风的相关知识。

三、运营隧道通风

运营隧道通风是指为排出运营期间隧道内有害气体等,以达到符合卫生标准的空气环境,保证人身安全、设备正常使用和列车运行安全所进行的各种通风换气的统称。

运营隧道通风主要包括自然通风和机械通风。

铁路隧道
通风方式

(一)自然通风

自然通风是利用洞外自然风、列车通过隧道时产生的活塞风,以及竖井、斜井、横洞等的联合作用将隧道内有害气体和热量排出隧道外的通风方式。

1. 自然风

产生自然风流的因素主要有以下几种:

(1)隧道两端洞口的高程差和洞内外的温度差。当洞内外温差大时,通风效果就较好,因此,夏季、冬季的通风效果优于春秋两季。

(2)自然风力。当地形条件有利时,洞外自然风力会形成较强风流,使隧道实现自然通风。但其变化大,且常以阵风出现,很不稳定。

（3）洞口两端气压差。一般隧道洞口两端都无明显气压差，只有长大隧道，气压差这一因素才可能起作用，但不能完全利用它来达到自然通风的目的。

2. 列车活塞风

列车在隧道内运行时，如同活塞运动一样，带动空气沿着列车的运行方向流动，挤压隧道内气体，促使列车后面的空气尾随列车，在隧道内沿列车进行方向向前流动，形成"活塞风"。活塞风对运营隧道的通风影响很大，在自然通风和机械通风中，都应考虑活塞风的联合作用。活塞风大小与下述因素有关：

（1）列车通过隧道的速度。列车活塞作用的压力与列车长度和相对速度平方成正比，列车速度愈高，则活塞作用越强（活塞风速越大）。因此，提高列车通过隧道的速度，不仅可以减少散逸在隧道内的有害气体，还可加强列车活塞风的联合作用。

（2）列车的活塞作用。列车的活塞作用与列车横断面积（F_0）和隧道横断面积（F）的比值、列车的组成、机车正面的形状等许多因素有关。像活塞一样，F_0/F 的比值愈大，活塞作用愈大，即活塞风也愈大。因此，在同样条件下，单线铁路隧道的列车活塞作用，要比双线隧道的活塞作用显著。

（3）隧道对风流的阻力。隧道阻力包括风流与隧道壁面的摩擦阻力，风流进出隧道口及通过曲线等的局部阻力。阻力愈大，风流的流速愈小，活塞风的作用愈弱。因此，隧道内的净空断面变化少、隧道壁面光滑平整，对通风效果是很有利的。

对某些隧道的列车活塞风试验指出：列车活塞作用造成的活塞风速一般都比较稳定，约 $2.5\sim6.0$ m/s。由活塞风引进的新鲜空气量，相当于隧道总风量的 $1/3\sim1/2$。由此可见，活塞风的通风效果是很显著的。

活塞风随列车进行方向的改变而改变，而自然风则不然，只有当顺风时（循列车方向吹风），隧道排烟才顺利；而反向风（迎着列车吹风）对活塞压力是一种阻力，降低了活塞作用。

3. 利用竖井、斜井、横洞等通风

（1）有些隧道曾采用竖井进行自然通风，如图 7-1 所示。而在实践中认为这种方式的效果不很理想，因为，由低洞口流向高洞口的自然风流大部分都由阻力最小的竖井泄出，而使竖井至高洞口一段的风速很小，烟很长时间排不出去。甚至处在竖井至高洞口一段的烟需重新返回，由竖井

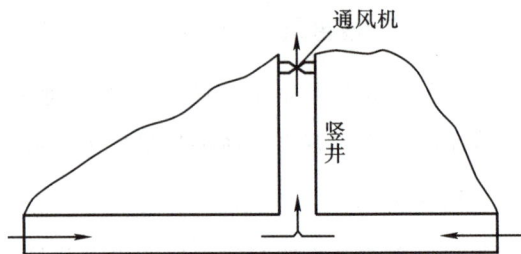
图 7-1 竖井自然通风

排出，更延长了排烟时间。若在冬季，自然风从竖井进入隧道，情况更为不利。

（2）斜井的断面及其他条件对隧道自然通风而言，较之竖井更为不利，目前还没有完全利用斜井实现自然通风的实例。但在机械通风中，利用施工斜井改造为通风道有时还是很理想的。

（3）横洞在施工期间（为开辟工作面、便于施工通风）是很普遍的，在运营后的长隧道中，少量的或较长的横洞，因其位置较低，断面较小，对排烟作用不大。当新旧两座隧道并行时，中间连接横洞，反而不利于烟气的排出，因为各种自然风流的紊乱，有时会造成两个隧道均遭污染。只有当沿河傍山的隧道有较多横洞，可将长隧道分割为数个短隧道时，横洞的自然通风才能实现。

（二）机械通风

运营隧道设置机械通风应根据牵引种类、隧道长度、隧道平面与纵断面、道床类型、行车速度和密度、气象条件及两端洞口地形条件等因素综合确定。

机械通风分为纵向式、半横向式、全横向式及组合通风方式。

1. 纵向式通风

纵向式通风具有经济、高效和便于维修等特点。我国铁路隧道一般采用纵向式通风，其中以全射流纵向式通风居多。当隧道较长，采用全射流纵向式通风时间过长、洞内风速或装机功率过大时，可采用分段通风。

铁路隧道常用的纵向式通风方式主要有全射流式、洞口风道式、分段纵向式（常用的有合流型斜（竖）井排出式、斜（竖）井送排式），如图 7-2 所示。

（1）射流通风。射流通风是将一定数量的射流风机，相隔一定距离，单台（或双台）吊装在隧道界限外的拱顶空间里。射流风机体形、重量、功率均较小，运转时，将隧道内的一小部分空气从风机的一端吸入，以较高的动能从风机的另一端喷出，高速气流诱导隧道内的整个气流排出隧道。射流风机可随时改变吹吸方向，实现双向交替通风。焦柳线牙已隧道曾进行过射流通风试验，与风道式通风比较，射流通风效果良好，使用管理方便，安全可靠。滨绥线杜草隧道、包兰线旗下营隧道等，也应用了射流通风。

（2）洞口风道式。这种通风方式是把通风机设置在隧道低洞口端处，通风道与隧道连通。当列车尾一出洞口，立即开通通风机，把已被活塞风挤到洞口段内的污浊空气排出洞外。与此同时，洞外新鲜空气由低洞口端随着风流带进隧道内，从而完成一次通风作业。洞口风道式通风结构简单，是铁路隧道应用最广泛的通风方式。

（3）竖井、斜井机械通风。此种方式是利用竖井或斜井，在井口或井底设置通风机采用吹入或吸出方式进行通风，如图 7-3 所示。竖井两侧隧道内的风量及流动方向难以控制，不论采用吸出式或吹入式，风流必然有一段与列车活塞风相反，得不到充分利用，再加上自然风的影响，风流复杂而不稳定，机械通风的效果也受到影响。对于中间区段存在瓦斯或高地温的特殊隧道，采用合流型斜（竖）井排出式或斜（竖）井送排式通风，可减少有害气体或高温的影响程度，提高通风效率。

在较长的隧道中，也可利用竖井分段通风（图7-4），将隧道以竖井划分为两个通风区段，一段由竖井的一半吸出，另一段由竖井的另一半吹入新鲜空气。

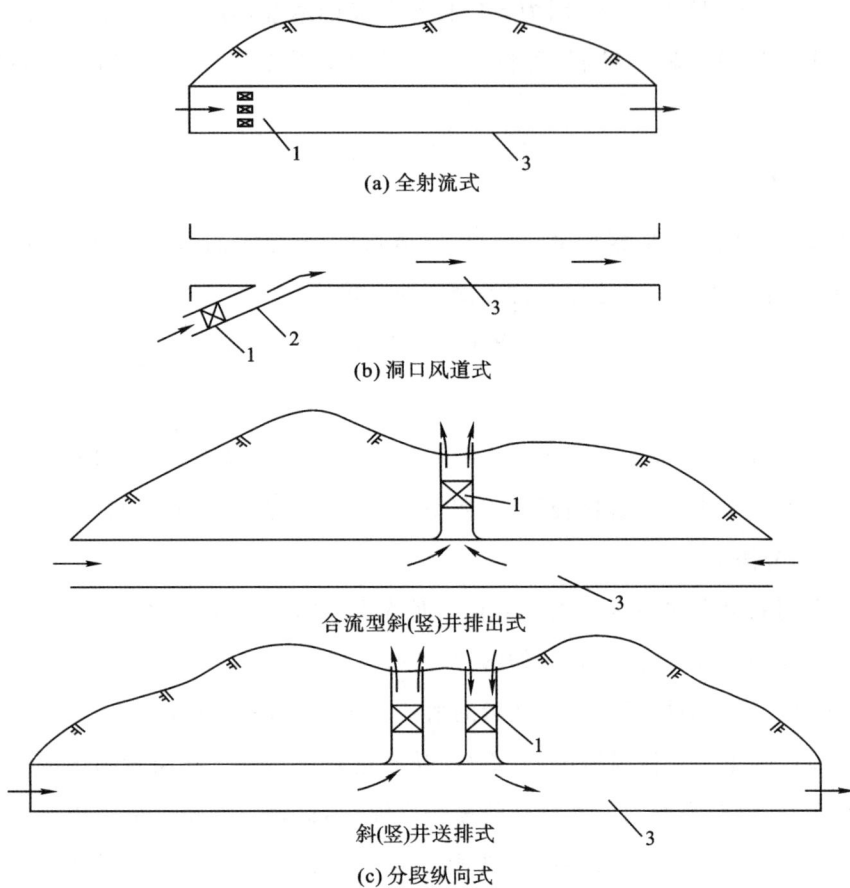

(a) 全射流式

(b) 洞口风道式

合流型斜(竖)井排出式

斜(竖)井送排式

(c) 分段纵向式

1—通风机；2—风道；3—隧道。

图7-2　铁路隧道纵向通风方式

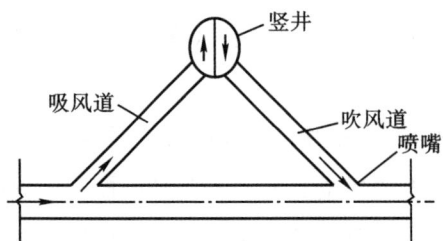

图7-3　竖井通风系统

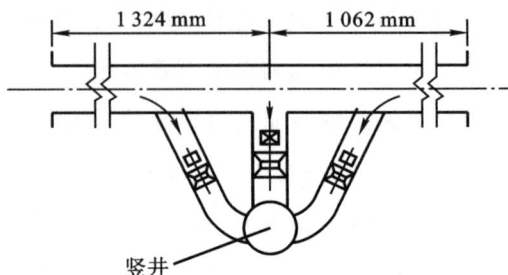

图7-4　竖井式分段通风

机械通风设备必须经常保持良好状态和正常运行,应配设专职通风司机及机电检修人员负责通风机的使用和检修。维护通风,首先利用正常运营和防灾通风设备,当其能力不足时,可以使用移动式通风进行补充。

2. 横向式通风

横向式通风方式的特点是隧道内风流方向与隧道纵轴线方向成正交,如图7-5所示。它将隧道部分断面作为沿洞身轴线的通风渠,开动通风机,把新鲜空气先送入隧道底部的压入通风渠,再经出风口沿隧道全长范围内均匀吹入隧道内。而污浊空气则经隧道顶部的吸出风渠吸出洞外。

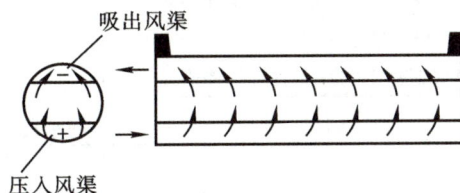

图7-5　横向式通风

横向式通风系统,能将新鲜空气沿隧道全长范围内均匀吹入,而污浊空气就地直接被吸出,通风效果较好,在公路隧道中使用最适宜。隧道通风所需新鲜空气的风量和风压必须经过计算确定,根据计算确定的风量和风压,再选择合适的通风机。

铁路隧道运营通风方式如图7-6所示。

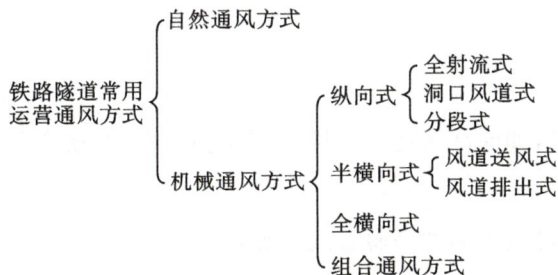

图7-6　铁路隧道运营通风方式

四、通风量计算

1. 隧道内的排烟规律

根据对隧道内排烟规律的不同认识,有着不同的通风量计算公式。因此,探讨更符合实际的排烟规律是必要的。

根据一些单位对采用洞口风道式机械通风的隧道多次观测试验,发现排烟过程如图7-7所示。列车在隧道内运行,如同活塞的作用一样,在隧道内

通风计算

引起活塞风。当列车尾出洞时,隧道内的有害气体被活塞风引进的新鲜空气挤到隧道的一段长度上(图 7 - 7 中阴影部分)。这时候开动通风机,将此段上的有害气体吹出洞外,或将有害气体浓度降到允许浓度以下,关闭通风棚,这次通风就算完毕。由此可见,隧道内的排烟是以新鲜空气挤压有害气体排出洞外的。

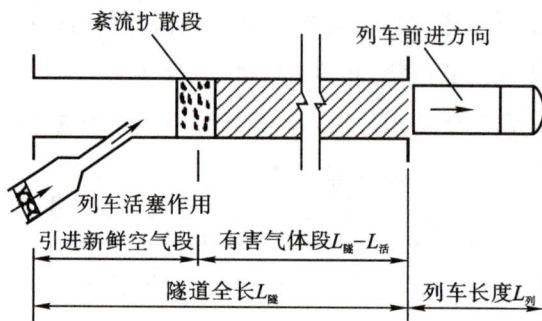

图 7 - 7 排烟过程示意图

在新鲜空气与有害气体的接触段,由于断面内风速分布不均匀,两者又互相紊流扩散,新鲜空气将有害气体浓度冲淡了。因此,有人提出了"按挤压为主、考虑冲淡影响"的通风量计算方法。这种理论认为:"在通风的每一瞬间,有害气体在隧道的全长上是均匀分布的",这显然不符合实际。如图 7 - 7 所示,有害气体基本上集中在隧道的一端。因此,在通风过程中有害气体的排出,远较上述假定为快。也就是说,按"冲淡为主"算得的通风量较实际需要为大,实地量测也证明了这一点。

2. 活塞风速度($v_{活}$)的计算

列车在隧道内运行时,如同活塞运动一样,会在隧道内产生顺着列车运行方向的风流,称为活塞风。

活塞风速度的大小,可按下面的经验公式计算:

$$v_{活} = \frac{v_{列}}{1 + \sqrt{\dfrac{\xi_{隧}}{K}}} \quad (m/s) \tag{7-1}$$

式中,$v_{列}$——列车在隧道内的运行速度,m/s。

$\xi_{隧}$——活塞风阻力系数;

K——活塞风作用系数。

$$\xi_{隧} = 1.5 + \frac{\lambda(L_{隧} - L_{列})}{d} \tag{7-2}$$

式中,λ——隧道内摩擦阻力系数;

$L_{隧}$——隧道全长,m;

$L_列$——列车全长,m;

d——隧道断面当量直径,m。

$$K=\frac{86\times10^{-4}\times L_列}{(1-\alpha)^2}\qquad(7-3)$$

式中,α——列车平均截面积 $F_列$ 与隧道过风面积 $F_隧$ 之比值,$\alpha=F_列/F_隧$,即表示列车"遮断"隧道断面的程度。

由式(7-1)可知,活塞风速度大小与下列因素有关:

(1)与列车速度成正比例,故提高列车在隧道内的行驶速度可得到较高的活塞风速;

(2)与隧道的总阻力系数成反比例,因此将隧道衬砌内表面做得光滑平顺些,用整体道床代替普通碎石道床等,都是有利的;

(3)与列车活塞作用系数成正比,也即与"遮断"程度 α 成正比,故单线隧道比双线隧道有利。

3. 列车活塞作用引进的新鲜空气段长度($l_活$)的计算

列车活塞作用引进的新鲜空气段长度

$$l_活=\frac{v_活\cdot t_列}{i}\qquad(\text{m})\qquad(7-4)$$

式中,$v_活$——按式(7-1)算得的活塞风速度,m/s;

$t_列$——列车在隧道内的运行时间,s;

i——考虑冲淡作用的系数(也叫换气系数),根据试验资料,建议 $i=1.10$,长大隧道还可适当减小。

4. 通风量的计算

需要由通风机供给的风速

$$v_需=\frac{l_需}{t\times60}\qquad(\text{m/s})\qquad(7-5)$$

式中,$l_需$——需要由机械通风的隧道长度,m,显然 $l_需=l_隧-l_活$;

t——规定的通风时间,一般为 15 min。

$v_需$ 一般应小于 6 m/s。因为压头损失与速度的平方成正比,过大的风速会带来巨大的能量损失,同时太大的风速对洞内维修人员的健康不利。若算得 $v_需$ 大于上面的数值,就要重新考虑选择的通风方案是否合理。

$$Q_需=v_需\cdot F_隧\qquad(\text{m}^3/\text{s})\qquad(7-6)$$

式中,$Q_需$——需要由机械提供的风量。

五、通风阻力的计算

为了最后选定通风设备,除了要知道需要的通风量 Q 外,还需求出将 Q 压入隧道所需要的风压。因为通风机产生的压力应足以克服通风系数的全部阻力。这些阻力包括隧道及风道的摩擦阻力、各种局部阻力、克服自然风的阻力(当自然风与通风方向相反时)等。下面分别说明各种阻力的计算方法。

1. 摩擦阻力

在整个通风系统中,把断面不同的风道分成单独的管段,根据水力学原理用下式计算各段的摩擦阻力:

$$h_摩 = \lambda \frac{l}{d} \cdot \frac{\gamma}{2g} v^2 \tag{7-7}$$

式中,$h_摩$——摩擦阻力,Pa;

  λ——摩擦系数(达西系数),由隧道或风道衬砌表面粗糙程度确定,其值可由设计手册查得;

  γ——空气重度,N/m³;

  l——通风道长度,m;

  d——隧道断面当量直径,m;

  v——计算管段内气流速度,m/s;

  g——重力加速度,m/s²;

2. 局部阻力

通风系统中的局部阻力是指风流在进口、出口、转弯,突然扩大、突然收缩等突变处遇到的阻力,其计算公式为

$$h_局 = \xi \cdot \frac{\gamma}{2g} v^2 \tag{7-8}$$

式中,$h_局$——局部阻力,Pa;

  v——在产生局部阻力前后的空气流动平均速度,m/s;

  ξ——局部阻力系数,对于每一种不同形式的局部阻力,均可用试验方法求得该系数,此值可由设计手册查得。

3. 风道总阻力

若以 $h_自$ 代表自然风在通风系统中产生的阻力(方向与机械通风反向;若同向则不计入,这样可增加后备能力)。整个通风系统的总阻力 $h_总$ 为

$$h_总 = \sum h_摩 + \sum h_局 + h_自 \tag{7-9}$$

学习任务二　公路隧道运营通风

PPT

公路隧道
运营通风

微课

公路隧道
运营通风

一、公路隧道内空气卫生标准

隧道通风的主要稀释对象限于 CO、NO_2、烟尘和空气中的异味。在公路隧道中，汽车排放的废气中有害物质很多，包括 CO、NO_2、Pb、CO_2、SO_2、HCHO 和烟尘等。其中，CO 和 NO_2 对人体健康的影响比较突出，故通风设计时以将其浓度控制在一定的安全限度内作为主要的设计指标之一，即 CO 设计浓度和 NO_2 设计浓度。

1. CO 设计浓度

采用全横向通风方式与半横向通风方式时，CO 设计浓度按表 7-1 取值，采用纵向通风时，CO 设计浓度可按表 7-1 所列各值提高 5×10^{-5} m^3/m^3。

表 7-1　CO 的设计浓度 δ_{CO}

隧道长度/m	≤1 000	>3 000
δ_{CO}/($cm^3\cdot m^{-3}$)	250	200

注：隧道长度 1 000 m<L≤3 000 m，可按线性内插法取值。

交通阻滞（平均车速 10 km/h）时，阻滞段的平均 CO 设计浓度可取 150 cm^3/m^3，同时经历时间不超过 20 min。隧道 20 min 内平均 NO_2 设计浓度 δ_{NO_2} 可取 1.0 cm^3/m^3。

2. 烟尘设计浓度

烟尘设计浓度表示烟尘对空气的污染程度，通过测定污染空气 100 m 距离的烟尘光线透过率来确定，也称为 100 m 透过率，为洞内能见度指标。日本道路协会《道路隧道技术标准（通风换气篇）及其解说》（2001 年 10 月）称其为"煤烟设计浓度"和 100 m 透过率，以百分比表示。PIARC 报告用"衰减系数 K"来表达能见度。

采用显色指数 33≤R_a≤60，相关色温 2 000～3 000 K 的钠灯光源时，烟尘设计浓度 K 应按表 7-2 取值。

表 7-2　烟雾设计浓度 K

设计速度 v_t/($km\cdot h^{-1}$)	$v_t\geqslant90$	$60\leqslant v_t<90$	$50\leqslant v_t<60$	$30\leqslant v_t<50$	$v_t\leqslant30$
烟尘设计浓度 K/m^{-1}	0.006 5	0.007 0	0.007 5	0.009 0	0.012 0*

*：此工况下应按采取交通管制或关闭隧道等措施考虑。

采用显色指数 $R_a \geqslant 65$,相关色温 $3\,300 \sim 6\,000$ K 的荧光灯、LED 灯等光源时,烟尘设计浓度 K 应按表 7-3 取值。

表 7-3　烟雾设计浓度 K

设计速度 $v_t/(\text{km} \cdot \text{h}^{-1})$	$v_t \geqslant 90$	$60 \leqslant v_t < 90$	$50 \leqslant v_t < 60$	$30 \leqslant v_t < 50$	$v_t \leqslant 30$
烟尘设计浓度 K/m^{-1}	0.005 0	0.006 5	0.007 0	0,007 5	0.012 0*

＊:此工况下应按采取交通管制或关闭隧道等措施考虑。

不同交通状态下烟尘设计浓度区对应的洞内环境控制状况如下:

$K = 0.003\,0 \sim 0.005\,0$ m^{-1},表示洞内空气清洁,能见度可达数百米;

$K = 0.007\,0 \sim 0.007\,5$ m^{-1},表示洞内空气有轻雾;

$K = 0.009\,0$ m^{-1},表示洞内空气成雾状;

$K = 0.012\,0$ m^{-1},为限制值,洞内空气令人很不舒服,但尚有安全停车视距要求的能见度。隧道内进行养护维修时,应按现场实际烟雾浓度不大于 $0.003\,0$ m^{-1} 考虑。

二、通风方式初步判定方法

隧道通风分为自然通风和机械通风两大类。自然通风是通过气象因素形成的隧道内空气流动,以及机动车从洞外带入新鲜空气来实现隧道内外空气交换;机械通风是通过风机作用使空气沿着预定路线流动来实现隧道内外空气交换。

(1)双向交通隧道:

$$LN \geqslant 6 \times 10^5 \qquad\qquad (7-10)$$

式中,L——隧道长度,m;

N——设计交通量,辆/h。

当符合式(7-10)的条件时,宜设置机械通风。

(2)单向交通隧道:

$$LN \geqslant 2 \times 10^6 \qquad\qquad (7-11)$$

当符合式(7-11)的条件时,宜设置机械通风。

三、通风方式

隧道通风方式种类很多,在选择时最主要的是考虑隧道长度和交通条件,同时还要考虑气象、环境、地形及地质条件,可以采用一种或多种通风方式组合构成更合理的通风方式。目前我国隧道运营通风以各种纵向通风方式及其各种组合为主。我国已建的长度大于 5 000 m 的高速公路隧道普遍采用"通风井送排式＋射流风机"组合通风方式,其中以秦岭终南山公路隧道为典型代表。

机械通风方式的分类见表7-4。

表7-4 机械通风方式的分类

纵向通风方式	半横向通风方式	全横向通风方式	组合通风方式
(1)全射流式； (2)集中送入式； (3)通风井送排式； (4)通风井排出式； (5)吸尘式	(1)送风式； (2)排风式； (3)平导压入式	(1)顶送顶排式； (2)底送顶排式； (3)顶送底排式； (4)侧送侧排式	(1)纵向组合式； (2)纵向＋半横向组合式； (3)纵向＋集中排烟组合式

下面以单向交通隧道为例来介绍机械通风的特点。

(一)纵向式通风

1. 基本特征

通风风流沿隧道纵向流动。

2. 主要形式

(1)全射流式：由射流风机群升压；

(2)洞口集中送入式：由喷流送风升压；

(3)通风井排出式：洞口两端进风、中部集中抽风；

(4)通风井送排式：由喷流送风升压。

四种纵向式机械通风的对比见表7-5。

表7-5 四种纵向式通风的对比

特性	全射流式	洞口集中送入式	通风井排出式	通风井送排式
适用长度	5 000 m 以内	3 000 m 左右	5 000 m 左右	不受限制
交通风利用	很好	很好	部分较好	很好
噪声	较大	洞口较大	较小	较小
火灾处理	排烟不便	排烟不便	排烟较方便	排烟较方便
工程造价	低	一般	一般	一般
管理维护	不便	方便	方便	方便
分期实施	易	不易	不易	不易
技术难度	不难	一般	一般	稍难
营运费用	低	一般	一般	一般
洞口环保	不利	有利	有利	一般

(二)半横向式

纵向式通风的污染浓度不均匀,进洞口处最低,出洞口内最高。为使出口处的浓度保持在容许限度以下,只好加大通风量,但此时其他地方的污染浓度则相当低。这样既不经济,又使隧道内风速过大。而半横向式通风可使隧道内的污染浓度大体上接近一致。送风式半横向通风是半横向式通风的常用形式,新鲜空气经送风管直接吹向汽车的排气孔高度附近,对排气直接稀释,这对后续车很有利。如果有行人,人可以吸到最新鲜的空气。污染空气在隧道上部扩散,经过两端洞口排出洞外。

1. 基本特征

由隧道通风道送风或排风,由洞口沿隧道纵向排风或抽风,特征见表7-6。

2. 主要类型

(1)送风半横向式:由送风道送风。

(2)排风半横向式:由排风道排风,

(三)全横向式

在长大隧道、重要隧道、水底隧道中,一般宜采取全横向式通风。这种通风方式同时设置送、排风道,通风流在隧道内作横向流动,如表7-6所示。

表7-6　半横向式和全横向式通风的对比

特性	送风半横向式	排风半横向式	全横向式
适用长度	3 000～5 000 m	3 000 m左右	不受限制
交通风利用	较好	不好	不好
噪声	小	小	小
火灾处理	排烟方便	排烟方便	能有效排烟
工程造价	较高	较高	高
管理维护	一般	一般	一般
分期实施	难	难	难
技术难度	稍难	稍难	难
营运费用	较高	较高	高
洞口环保	一般	有利	有利

公路隧道通风方式的选择应综合考虑隧道平纵指标、交通量、气象条件、地貌、经济性等因素。单向交通且长度 $L \leqslant 5\ 000$ m 和双向交通且长度 $L \leqslant 3\ 000$ m 的隧道可采用全射流纵向通

风方案。

(四)公路隧道通风要求

单向交通隧道的设计风速不宜大于 10.0 m/s,特殊情况不应大于 12.0 m/s;双向交通隧道的设计风速不应大于 8.0 m/s;设有专用人行道的隧道设计风速不应大于 7.0 m/s。

双向交通隧道设计风向宜与行车上坡较长方向一致,洞内通风气流组织方向不宜频繁变化。

连拱或小净距特长隧道的左右洞相邻洞口间宜采取措施避免污染空气窜流;当不可避免污染空气窜流时,通风设计应考虑窜流带来的影响。

上游隧道行车出口排出洞外的污染空气对下游隧道产生二次污染时,应根据污染程度综合考虑上、下游隧道的通风方式。

▶ 学习任务三　隧道防灾与救援

随着工程建设技术和交通事业的发展以及人类生产、生活的需求不断变化,各种铁路、公路交通隧道和地下铁道(简称地铁)发展迅速。但在路况改善的同时,道路交通流量和车辆及其运输物品的变化也很大,增加了交通隧道的火灾风险,甚至还引发了不少严重的火灾事故。隧道火灾不仅严重威胁人的生命和财产安全,而且可能对交通设施和人类的生产活动造成巨大破坏。

PPT
隧道防灾与救援

微课
隧道防灾与
救援概述

一、概述

1.隧道灾害种类

隧道运营灾害主要可分为脱轨翻车、隧道内火灾两类。脱轨翻车是列车由于各种原因在隧道内脱离轨道、发生翻车、脱轨的列车与隧道或地面发生剧烈碰撞造成人员、设施以及建筑物损坏的灾害事故。隧道火灾发生的原因较多,主要有运行列车在隧道内着火、隧道电气设备故障起火、运营列车脱轨撞击起火以及人为纵火等,其中以运行列车着火引发隧道火灾概率最大。隧道火灾的主要特点有:火灾时会产生烟囱效应,火势发展迅猛;烟雾不易排出,隧道空间内能见度低;有害烟气积聚,致死率高;空间狭小,逃生救援困难;火灾造成的危害一般较严重,所造成的损失往往也是巨大的,中断行车的时间也很长。

有关资料表明,在这两类灾害事故中,隧道内火灾发生的概率较高,隧道内脱轨翻车次之。本学习任务的防灾救援主要针对以火灾为主的灾害。

2. 原因分析

我国铁路隧道长度与数量逐年增加，要减少隧道内灾害事故发生的可能性和事故发生后造成的危害，就必须采取更有效的安全措施。掌握灾害事故的实际情况，对灾害发生的种类及其发生原因进行分析研究，是采取有效防范措施的重要前提。

20 世纪一些隧道中的重大火灾情况如表 7-7 所示。

表 7-7　一些隧道火灾情况

时间	隧道名称	火灾情况	火灾原因
1976 年 3 月	丰沙线旧窝庄东 46# 隧道	中断正常行车 54 h 34 min	隧道清筛作业违章，引起线路水平超限，脱轨后摩擦起火
1976 年 10 月	宝成线白水江 140# 隧道	死亡 75 人，重伤 9 人，中断运行 382 h 15 min	超速制动过猛，油罐破裂引火燃烧
1987 年 8 月	陇海线兰州十里山 2# 隧道	死亡 2 人，中断运行 201 h 56 min	人孔盖未盖紧，线路与钢轨断裂，脱轨后撞击起火
1990 年 7 月	襄渝线梨子园隧道	死亡 4 人，受伤 14 人，中断行车 550 h 54 min	人孔盖未盖紧，有油气团，接触网悬挂点绝缘子表面放电
1992 年 9 月	青藏线岳家村 18# 隧道	中断正洞 82 h 19 min	人孔盖未盖紧，线路变形，原油洒出，脱轨后撞击起火
1993 年 6 月	西延线蔺家川隧道	死亡 8 人，伤 10 人，中断正洞行车 579 h 17 min	原油未作稳定处理，油气外泄，减速制动摩擦起火
1974 年 4 月	日本旧生驹山隧道	死亡 28 人，受伤 73 人	主变阻器过热起火
1956 年 3 月	日本高野线 18 号隧道	死亡 1 人，受伤 42 人	断路器故障，主变阻器过热起火
1974 年 1 月	美国康贾斯隧道	伤亡不详	脱轨后撞击起火
1972 年 11 月	日本北陆隧道	死亡 30 人，受伤 715 人	电气设备漏电
1979 年 1 月	美国加利福尼亚奥克兰-旧金山隧道	死亡 1 人，受伤 56 人	电气短路产生强电弧
1984 年 12 月	英国 Summit 隧道	伤亡不详	有油气团，撞击起火

通过表 7-7 可以将各种火灾原因归纳为 5 类因素：线路质量、隧道内电网线路问题、列车电气设备问题、人为因素和不明原因等。在这些原因中，由列车电气设备问题引发的火灾所占的比例最高，且伤亡人数也是最多的。总体来说，隧道内列车火灾的原因分为如下两类：运输管理因素，制度不严、确认不及时和司机误操作等；设备环境因素，主要有故障或破损、易燃货物、

引燃源等。

3. 火灾预防设计的必要性

列车在隧道内发生火灾的处理和预防难度,主要体现在以下几个方面:

(1)着火列车停在隧道内时,乘客避难和救援困难。铁路隧道为长条形,空间狭小,火势蔓延速度快,排烟困难,洞内可视性差,路面不平,且救援设备和人员难以接近着火点。

(2)列车在隧道内行车时,一旦着火,其火势比非隧道区段发展迅猛。

(3)隧道内火灾发生后,灭火、恢复整治时间长,间接损失远大于洞外火灾。

(4)固定灭火设备和排烟设备综合配置难度大。

(5)隧道内环境差,固定的火灾监控和自动化消防设施维护困难,很难保证火灾发生时能完好工作。

(6)隧道内火灾发生的概率小,且具有位置上的不确定性,在全线隧道上设置有效的全自动化监测和消防设施投入大、难度高。

(7)整个安全系统从发现、通报、判断确认、停车到启动消防及救援系统的时间较长。

由于隧道内发生火灾的难以应对性,因此隧道工程防灾和救援、疏散设计是非常必要的。

二、国内外防灾救援技术现状

(一)英法海底隧道

英法海底隧道由南北两条平行的运营隧道组成,隧道直径均为 7.6 m,全长 50.45 km,连接英国的多佛(Dover)与法国加来(Calais)。英法海底隧道在设计时对消防安全做过大量研究工作,并采取了以下安全措施。

国内外防灾
救援技术现状

(1)在两条运行隧道之间修建了通长的服务隧道,建有 146 条人行通道与服务隧道相连。发生火灾时,如果列车停在隧道内,靠近列车的人行隧道隔离门将会打开,乘客可以通过人行通道进入服务隧道,撤离火灾现场。

(2)设有两套通风系统,一套是常规通风系统,用于提供新鲜空气;一套是紧急通风系统,用于隧道发生火灾时控制烟气流动方向。紧急通风系统设计风向可逆、风量可调,将根据列车所停位置及乘客疏散方向控制隧道内的气流方向和风速。

(3)为避免人行通道的隔离门打开后隧道内的烟气同乘客一起进入服务隧道,常规通风系统将与紧急通风系统配合,根据隧道内的压力调整常规通风系统的风量,保证服务隧道内的空气压力大于服务隧道外的压力。

(4)在两个交叉渡线设有隔离门,火灾时关闭隔离门,防止烟气进入相邻隧道。

(5)隧道内安装有闭路电视和火灾报警系统。

(6)根据隧道结构将整个隧道分成不同区域,对火灾规模、火源及火灾发生在不同区域进行

计算机模拟分析,并制订了隧道应急方案。

(二)西康线秦岭铁路隧道

西康线秦岭铁路隧道是我国第一座双洞单线特长山岭隧道,其消防及救援方案的设计主要以防范旅客列车的火灾事故为目的。

该隧道为两座平行单线铁路隧道,长度为 18.456 km,线间距为 30 m,双洞间的横通道间距为 420 m,所以两隧道可作为互救的避难、救援通道。在隧道内设置有两条专给消火栓供水的消防干管和运营消防通风系统,以及中继站、紧急电话、指示灯和简单的控制系统等,隧道内的消防设施采用阻燃材料,以避免灾害的蔓延和扩大。为确保灭火水源充足,在洞外设置有专用抽水井、消防水池和通道,使该系统在处理灾害事故时能及时、有效地运作。

1. 隧道报警及监控

1)洞外报警及监测

在秦岭特长隧道两端的青岔车站和营盘车站设置红外轴温探测装置,以阻止火灾隐患列车或带火列车继续运行;在隧道进出口设置火灾警告信号,并通过无线电地面信号传入列车驾驶室,避免后续列车进入已发生火灾的隧道而造成次生灾害;做好经常性的机车车辆、洞内电气设备、轨道等的检修工作;制订阻止火灾隐患列车进入隧道的安全运输管理办法,尽量消除火灾隐患。

2)洞内报警及引导标识

秦岭隧道火灾报警采用手动报警按钮。手动报警按钮设于横通道处,间距为 420 m。在横通道口、变配电洞室口部、紧急报警电话机箱室等处设置指示照明。在横通道内、变配电洞室内设应急照明。在隧道内,由进口至出口方向每隔 500 m 在边墙上涂设荧光涂料以显示距离,并在每个横通道口部标示里程及横通道序号,以便人员尽快判断疏散路线。

2. 消防设施

隧道发生火灾后,消防方案包括列车拖离隧道时的洞外灭火措施和列车不能拖离隧道的紧急救援、乘客避难和消防设施。

1)洞内消火栓灭火

秦岭隧道采用的消火栓灭火系统由洞外消防水池,洞内主水管、消火栓箱组成,消火栓箱间距为 60~70 m,箱内安装两支水枪,并配备尼龙衬胶水带。

在隧道出口设置产水量为 280 m³/d 的消防水源井,井内安装潜水泵,水泵的启闭由液压自动控制系统控制。在隧道出口附近设置容量为 300 m³ 的消防蓄水池。

对隧道内发生火灾且能继续运行的列车,原则上尽量拉出洞外扑救,故在青岔、营盘车站最外侧股道设消火栓箱,拉出洞外的着火列车停在洞外两端车站最外侧道线上灭火。消防水源及管路利用车站给水设备,消火栓是为防灾专门设置的,消火栓布置间距为60 m,每站设10个。

秦岭特长隧道火灾排烟通风利用运营通风设备完成。为兼顾火灾排烟通风,风机选用可反转、耐温性能较强的机型。

2)洞内列车灭火的设想

秦岭特长隧道综合防灾的重点为防止旅客列车的火灾,兼顾货物列车(主要是油罐列车)火灾。

列车灭火由隧道中设置的固定式消防设备、铁路火灾救援列车(待研制)及矿山消防救护大队的设备相结合进行。列车一次着火按4节客车车厢同时燃烧、火灾持续3 h考虑。一座隧道内发生火灾时,另一座隧道运营状态正常,可作为人员疏散和救援隧道。

三、防灾救援设计

防灾疏散救援工程设计应根据隧道(群)长度、结构形式、施工辅助坑道条件等,设置紧急出口、避难所、紧急救援站等疏散救援设施,并根据需要设置防灾通风、应急照明、供电、应急通信、消防等配套设施。隧道防灾疏散应以洞外疏散为主,疏散路径和设施应结合隧道线路运输性质、环境条件、辅助坑道条件等设置,并制定相应的疏散预案。

防灾救援设计

(一)基本原则

(1)针对铁路隧道的运营特点,防灾救援工程设计应贯彻"以人为本、安全疏散、自救为主、方便救援"的原则。

(2)要采取经济、可靠的防火措施和消防手段,做到安全可靠、经济合理、使用维修方便。

(3)列车在隧道内发生火灾时,应控制列车驶出隧道进行疏散;若列车不能驶出隧道,应控制列车停靠在紧急救援站进行疏散和救援。

(4)隧道内应设置贯通的救援通道和必要的紧急出口。

(5)长度20 km及以上的隧道或隧道群应设置紧急救援站,紧急救援站之间的距离不应大于20 km;长度10 km及以上的单洞隧道,应在洞身段设置不少于1处紧急出口或避难所;长度大于等于5 km且小于10 km的单洞隧道,宜结合施工辅助坑道,在隧道洞身段设置1处紧急出口或避难所。

(6)需要防灾救援设计的隧道内应设置必要的监控系统、防灾报警系统、消防灭火系统、防排烟系统等。

(二)防灾及消防系统设计

防灾包含两层内容,即防止火灾的发生和控制灾害的发展。其中防止灾害发生是主体,是通过一系列运营、维修、管理程序的规范运行来保障的。消防是指正常规范运行中因某些特殊因素的出现而发生灾情时，为控制灾害扩大而采用的手段。

1. 隧道灾害防范系统

隧道灾害防范涉及隧道结构、轨道、行车、机车车辆、电力、接触网、通信、信号、环控及公共安全等多方面，属于跨越多领域的综合技术。

为了达到灾害防范，首先必须充分研究分析各种条件下灾害发生的因素，建立综合防灾管理体系，包含应急联动、防灾协调、专家决策咨询等系统，并针对潜在灾害的防治加速立法，建设防灾管理大型数据库，制订防范工作规范。

以灾害防范工作为指导，设计、运营部门结合具体的隧道工程条件，将具体隧道的灾害防范工作贯穿到设计、建设及运营管理之中，保证隧道内防灾设施正常运营可靠。

2. 隧道通信、消防系统

1）应急通信系统

一旦在隧道内有列车发生火灾，应尽快利用列车上的火灾报警按钮或设于隧道内的紧急报警电话将隧道内发生火灾的情报向消防控制中心（室）或相关管理部门报警，以便其及时采取有效措施将火扑灭于萌芽状态或控制火势的扩大，获得使乘客及司乘人员安全疏散所必需的宝贵时间。隧道内应急通信采用无线或有线通信系统，一旦有紧急情况，司乘人员可随时与列车控制中心联系。

2）消火栓系统

水是最廉价、可靠的灭火剂，消火栓系统无论是在公路隧道的消防设计还是在地铁消防设计中都得到广泛的使用。铁路隧道的灭火系统应以消火栓系统为主，辅以干粉、泡沫系统（灭火器）对付初起的小型火灾。

3）火灾时的防排烟系统

特长隧道作为一狭长的地下有限空间，一旦发生火灾，旅客车厢燃烧生成的有毒烟气将迅速蔓延扩散，除影响能见度而迟滞逃生机会外，还会使人因吸入有毒烟气而窒息死亡。在设置运营通风时，应充分考虑到火灾时防排烟的具体要求。

4）防灾用电

防灾用电应按一级负荷及二回路供电考虑，并设置紧急发电设备。

3. 隧道消防设备监控系统

1）火灾报警控制器

火灾报警控制器接收火灾自动探测器传来的信号并加以确认（同时要以手动报警和紧急电话，或是以两三个不同地址编码的火灾自动探测器同时报警的信号加以印证），以声信号、光信号进行报警。火灾报警控制器应有巡检功能和故障报警功能。

2)通风排烟监控系统

在发生火灾时,通风排烟监控系统可改变风机的运行模式,显示斜、竖井的开闭及反馈其工作、故障状态。在平时,能接收瓦斯探测器或有毒气体(如 CO)探测器反馈来的信息,经判断后开、闭风机并对相关设备进行实时监控。

3)紧急供电监控

因火灾而引起供电停止后,为使有关的消防救援设施得以继续安全运行,消防控制中心(室)应能远距离遥控应急柴油发电机组及时启动投入工作,并对停电至应急供电时段不间断电源的工作情况给予显示。

4)供水系统监控

供水系统监控装置主要用来监控消防水泵的工作状况(消防控制盘上)。

5)防火分区或定点监控

如设有防火分区或定点,应能反映其工作情况,接收其他有关反馈信息(如自动喷淋系统的报警阀、闸阀或水流指示器等),并采取相应的措施。

6)火灾事故广播

火灾发生后,(人工或自动)开通有线广播以安抚人心,指导人员有秩序疏散。

7)消防通信

采用直通电话与相关的单位或处所联系,了解及通报有关情况。

8)其他

(1)监控应急照明与疏散诱导指示灯的工作情况。

(2)监控火灾报警系统与铁路列车调度指挥信号系统的连锁情况。

(3)通过消防设施模拟盘及大尺寸显示屏,可将有关监控装置的工作状态呈现在屏幕上,一目了然,便于控制人员操作。

(三)隧道救援与安全疏散设计

1.救援通道

隧道内应设置贯通的救援通道,单线隧道应单侧设置,双线隧道应双侧设置。救援通道宽 1.5 m、高 2.2 m。

2.联络通道

对于双洞单线隧道,隧道间应设置联络通道,其间距可采用 350 m 左右,"定点"处应适当加密。

3. 紧急出口

长度大于 1 000 m 的隧道,有条件时宜设置紧急出口;长度大于 6 000 m 的隧道应考虑设置紧急出口。紧急出口通道断面最小尺寸应符合下列规定:

①宽度不应小于 2.3 m,高度不应小于 2.5 m;

②纵向仰角不应大于 30°。

满足以上条件的施工辅助坑道可改造为紧急出口。紧急出口通道内应设置通风排烟系统、照明系统及其他相关设施。

在隧道紧急出口处设置能提供紧急车辆停车和容纳出逃人员的安全区,并有道路与外界公共道路(公路)连接。

4. 疏散标识

救援通道每隔 200 m 应设图像、文字标记,指示两个方向分别到下一洞口或紧急出口的距离,并配备灯光显示方向,如图 7 - 8 所示。

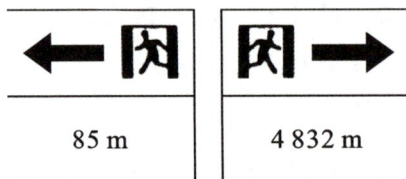

图 7 - 8   疏散标识牌

(四)隧道消防方案设计

隧道洞内的消防方案目前有"消防分区""定点消防""随机停车消防"三种情况。

1. 消防分区消防

1)划分消防分区

当隧道发生火灾时,若烟气流有一确定流向,则有利于火灾消防、救援和安全疏散工作的进行。可根据近、远期列车行车速度,左右线的行车方向和隧道火灾烟气流扩散速度等条件,进行防火分区划分。

防火分区越多,需要做排烟通道的辅助坑道数量越多,相应的消防设施、设备也越多,消防系统设计和控制难度也越大,消防设施的固定资本投入和维护费用也将越大。设置消防分区的灭火效果最好,也很安全,但土建工程和消防设施费用均很高。

2)消防分区消防方案

(1)加强辅助坑道中的排烟能力,应尽量使隧道中着火时的烟气流在隧道断面 3 m 以上的空间流动,从而使救援疏散不被阻止。

(2)需要列车停止运行而在洞内实施消防时,宜采取如下措施:

①隧道内着火成灾,必须立即停车,组织旅客下车并向低端洞口方向行走,远离火场,有横通道时经过横通道向邻线疏散,等待救援。

②司乘人员组织义务消防人员,利用列车上的消防设备和隧道中设置的消火栓系统对着火列车实施灭火。

③等待消防救援列车进入洞内灭火和救援。

④着火列车等待消防列车从低端洞口进入隧道并接近着火列车实施灭火。该救援列车应装备较完善的灭火车(如水炮、泡沫炮、高倍数泡沫系统、干粉灭火系统等),还应有水和各种灭火材料的储备和进料接口、医务车、工具车等。

消防分区的特点是可充分利用隧道自身洞口高差和斜井的烟囱效应,将斜井的排烟能力设计成足够强或经试验决定。将隧道中大部地段的烟气流集中在隧道 3 m 以上的断面中流动,可使隧道下部基本是新鲜空气,便于人员疏散。

2. 定点消防

考虑列车着火且能继续运行时,参照欧洲对初期着火列车"可以继续运行 20 km"(残余运行能力时间为 15～20 min 时,按事故情况下时速 80 km 考虑,列车通常可以运行 20 km)的规定,结合隧道长度、列车运行速度、地形、地质条件等,在特长隧道中部设置"定点","定点"间距宜为 20 km。定点范围内,应设置消火栓等消防设施。

两座平行的单线隧道可在适当位置以加密横通道的方式实现定点消防;双线单洞隧道或单线单洞隧道必须在定点处设置斜井等供人员疏散的通道。

列车在"定点"停车后,司乘人员都应先将乘客从联络通道安全疏散到另一隧道的救援通道或在联络通道内待避等待救援列车,然后利用消火栓系统进行灭火。如不能成功灭火,则应先撤离,等待训练有素的消防队员前来灭火。对于货物列车着火,由于司乘人员少、人单力薄,灭火是难以奏效的,也应先撤离,等待消防队员前来灭火。

3. 随机停车消防

如果列车着火且不能继续运行,则可能在隧道的任何一个地点停车。在两座平行的单线隧道内,列车停车后,司乘人员应先将乘客从联络通道安全疏散到另一隧道。如果是双线隧道,司乘人员应疏导旅客沿烟气反方向向救援通道疏散。

救援列车或消防列车宜面对人员疏散的方向进入隧道进行救援与消防。

案例分析

乌鞘岭隧道通风与防灾救援

乌鞘岭隧道位于兰(兰州)武(武威)段内打柴沟站与龙沟站之间,设计为长 20 050 m 的双洞单线隧道,从隧道进口至出口是11‰的连续下坡,旅客列车设计最高行车速度为160 km/h。

一、隧道通风方式

2007年8月,铁道部科技研究开发计划"长大隧道通风关键技术研究"项目组对乌鞘岭隧道内的空气环境卫生状况进行了实测,得出如下结论:

(1)乌鞘岭隧道内自然风和活塞风的换气、排污效果明显。隧道内基本不存在有害气体积聚现象,有害气体均在15 min内衰减至零。隧道内大部分位置粉尘污染未超国标限值,只当列车通过后瞬时在少数位置超过国标限值。

(2)电力牵引列车通过测试没有得到有害气体污染数据,原因可能为所产生的有害气体种类不在所测气体范围或产生污染小于仪器检测最低水平。故目前乌鞘岭隧道内由于电力牵引列车造成的有害气体污染可以忽略。测试瞬时粉尘浓度的最大超标系数达到2.76。

(3)内燃牵引列车通过隧道,产生的有害气体主要有一氧化氮、二氧化氮和臭氧。其中,一氧化氮和臭氧的瞬时最大超标系数分别达到6.16和15的高值,二氧化氮则没有超过国标限值。粉尘浓度瞬时最大值为5.52 mg/m³。

(4)隧道内某些位置的瞬时氧含量过低,最低只有18.5%,与国标限值相差达1.5%。

(5)隧道内瞬时湿度差别较大,最高平均为82.7%,最低平均为55.8%,二者相差26.9%。湿度最高值(82.7%)超过有关资料提出的控制建议值(80%)2.7%。隧道左线平均湿度高于隧道右线。左线平均湿度为74.02%,右线平均湿度为68.44%。

(6)隧道长度大于20 km,洞身中部含氧量仅有18.5%,需要进行机械通风,补充新鲜空气。

二、隧道防灾救援设计

隧道防灾救援以消防报警疏散为主进行设计。

1. 消防报警与疏散系统

旅客列车发生火灾,并被迫在隧道内停车时,首要任务是尽快将车厢内的旅客疏散到安全地点,疏散通道主要依靠隧道间的横通道。火灾报警采用区间通话及无线列调系统(列车无线调度通信系统)。旅客引导疏散工作由消防控制室通过紧急自动广播系统统一指挥,以便旅客安全、有序地快速转移。消防报警与疏散系统包含火灾报警系统、信号系统、红外监测系统、疏散指示照明及表示照明系统等。

2. 车站消防设备系统

(1)制定消防方案。当一般货车(不包括油罐车)在隧道内发生火灾时,应本着将着火列车拉出洞外到最近的车站进行消防的原则。隧道防火措施由相邻打柴沟、龙沟车站的消火栓系统及隧道进、出口的消防水池构成,并考虑在隧道内配置灭火器。

（2）消防系统选择。采用临时高压消防系统。

（3）隧道两端车站消防系统设计。隧道外消火栓系统进口设在打柴沟站，出口设在龙沟站，两个消防点均利用站内水源。

3. 隧道内定点消防系统

在乌鞘岭隧道中部地质条件较好地段设置"定点"消防，"定点"的长度按 500 m 设计；联络引导通道间距约 50 m。为确保失火列车准确停在"定点"部位，在全隧道内间隔一定距离设置"定点"位置指示牌，在"定点"前后 1 000 m 设置开始制动位置指示灯，在停车之前设置停车位置指示灯。在"定点"前后分界里程处设置指示灯，以利司机判断是该前进还是后退。为保证旅客安全下车，在"定点"处隧道边墙设置站台。站台宽度为 2.5 m，比内轨面高 0.3 m，边缘距离线路中线 1.75 m。"定点"消防系统包含给水及消防设施、通信、电力、双向防火门、防灾通风等。

技能 训练

1. 铁路隧道内的有害气体有哪些？

2. 简述铁路运营隧道内空气的卫生标准。

3. 公路隧道内的有害气体有哪些？

4. 铁路隧道通风方式有哪些方法？各有什么特点？

5. 公路隧道通风方式有哪些？各有什么特点？

6. 简述隧道防灾救援设计原则。

7. 简述隧道防灾的目的和意义。

8. 简述隧道消防设备监控系统。

9. 简述隧道通风阻力的内容。

隧道维修

教学目标

知识目标

1. 了解隧道综合维修的内容；

2. 熟悉隧道综合维修质量标准；

3. 了解隧道大修的内容；

4. 掌握隧道病害处治方法。

能力目标

1. 具备隧道日常保养的能力；

2. 能够根据维修验收标准进行维修；

3. 具备分析问题和解决问题的能力。

素质目标

1. 秉承一丝不苟的工作作风；

2. 具备不怕吃苦、认真负责的态度；

3. 具备创新意识。

任务导入

某隧道净宽 10.25 m,净高 5.0 m。左线全长 2 233 m,右线全长 2 216 m。左线纵坡为 2.35%,右线纵坡为 1.85%。经检测,该隧道存在病害如下:衬砌裂缝 714 条,裂缝宽度≥0.3 mm 共计 2 019.88 m,宽度<0.3 mm 共计 335.73 m;二次衬砌厚度不足 54 处,衬砌脱空 19 处,主要分布在拱顶左、右侧 1 m 范围内;衬砌渗漏水 20 处,主要分布在拱脚。试分析该隧道维修加固的具体方案。

任务实施

隧道的土建结构在隧道的运营使用过程中会出现脏污、病害等情况,这些情况的发生都会影响到隧道的使用性能,严重的还会危及隧道的安全使用。所以对隧道土建结构的清洁维护、结构检查、保养维修和病害处治是养护的主要工作。本情境主要讨论隧道综合维修、保养,隧道大修、病害处治、土建结构养护等内容。

▶ 学习任务一　隧道综合维修

不论铁路隧道还是公路隧道,对隧道养护与维修都有相应的机构和具体操作要求。按照《铁路桥隧建筑物大修维修规则》《公路隧道养护技术规范》的具体要求,介绍如下。

PPT
隧道综合维修

微课
隧道综合维修

1. 维修组织

(1)桥隧设备的维修管理工作由工务段负责,实行"检修分开"的管理方式。工务段应根据管辖桥隧建筑物的数量,设立桥隧检查工区、桥隧机械化维修工区(或工队)和桥隧车间,在工务段的统一安排下,负责桥隧设备的检查、维修和段办桥隧大修工程。有长大隧道或隧道较多的工务段,还应设置隧道通风及照明工区。

(2)桥隧工区、工队和特大桥隧工区,可视管辖设备情况,配备相应的交通运输工具、动力机械和专用作业机具,以利检查保养和实现主要作业项目机械化,其机具配备标准按铁工务〔1991〕93 号《桥隧维修机具装备规则》办理。

(3)桥隧建筑物维修工作实行综合维修和经常保养相结合的方式,以保证设备状态完好,确保行车安全。

2. 综合维修

(1)桥隧建筑物的综合维修应以整座设备进行,按照"预防为主,防治结合,有病治病,治病除根"的原则,做到全面整修、项目齐全。通过对桥隧设备适时预防性的修理和病害整治,恢复各部件的功能,保持整座设备质量均衡完好。

(2)综合维修周期,宏观上应按照设备类型进行控制,即钢梁桥(含混合桥钢梁)2～3 年,圬工桥(含混合桥圬工梁)4～5 年,隧道、涵渠、框构桥等设备的维修周期视技术状态而定。

(3)综合维修工作范围,包括隧道漏水的小量整治,排水沟清理,衬砌小量圬工修补,隧道内整体道床混凝土修理,隧道通风、照明设施修理。

(4)综合维修作业质量验收:综合维修作业质量评定分为优良、合格、不合格三个等级。全部项目一次验收达到合格及以上,主要项目均达优良,即评为"优良";全部项目达到合格及以上,可评为"合格",否则为"不合格"。若出现不合格处所,经返修复验合格,只能评为"合格"。隧道维修作业质量验收标准见表 8-1。

表 8-1 隧道维修（整修加固）作业质量验收标准

工作项目	质量标准		附注
	优良	合格	
1. 整修隧道	(1) 整治滴水后无滴水； (2) 煤烟清扫无堆积，积水； (3) 排水沟无淤漏，积水； (4) 圬工裂损修补符合工修补要求； (5) 洞门、避车洞及指示简示刷白清晰； (6) 通风照明设施整修完好、使用正常	(1) 有少量积水； (2) 同左； (3) 局部淤积不影响排水； (4) 同左； (5) 同左； (6) 同左	
2. 加固更换模注混凝土衬砌	(1) 限界及各部尺寸与设计相符，向内无偏差； (2) 圬工质量参照圬工梁拱墩合标准； (3) 墙顶封口处与拱脚底面接合无浮碴，并用同等较干的砂浆捣实，接合平整	(1) 同左； (2) 同左； (3) 经修理后达到要求	
3. 锚喷混凝土（或钢筋混凝土）衬砌	(1) 混凝土配合比，速凝剂掺量符合要求； (2) 受喷面无浮渣，并经高压风，水清洗； (3) 试块的抗压强度等级平均值不低于 C25； (4) 喷射厚度：所有检查断面上全部检查孔处喷射混凝土的厚度 80% 以上应不小于设计厚度，网喷最小厚度不小于 6 cm，素喷最小厚度不小于 4 cm； (5) 喷射混凝土与围岩或受喷面应密贴，用锤敲击无空声； (6) 锚杆材质、尺寸和间距符合设计要求； (7) 钢筋网与受喷面的空隙应不小于 3 cm； (8) 无裂缝、露筋、漏水	(1) 同左； (2) 同左； (3) 任意一组试块抗压强度平均值，最低不得低于设计等级的 85%； (4) 局部厚度不符合规定，经补喷后到达到要求； (5) 个别有空声，经补修后达到要求； (6) 锚杆锚固力不低于设计要求； (7) 同左； (8) 有个别裂缝缝漏筋，补修后达到要求，非寒冷和严寒地区有个别面积漏水	(1) 检查施工记录； (2) 观察、检查； (3) 隧道每 30 延米取一组试块，检查试验报告单； (4) 凿孔测量厚度，单线每 30 延米，双线每 20 延米至少检查一个断面，查锚固力试验报告，每 300 根至少做 3 根试验

续表

工作项目	质量标准		附注
	优良	合格	
4. 翻修整体道床	(1) 混凝土道床;道床基底无风化、虚碴软土、杂物和地下水等,钢筋布置和道床混凝土强度符合设计要求;道床混凝土与支承块联结牢固,无松动,混凝土无裂缝、蜂窝、露石;道床顶面平整,排水坡流向正确,道床面高程误差不超过设计±10 mm,表面整洁无脏物; (2) 整体道床与弹性道床之间的过渡段,其平面布置、结构尺寸符合设计要求。 (3) 伸缩缝设置数量和位置符合要求	(1) 同左,个别块松动或混凝土微麻窝、露石,经修补后达到要求。个别部位有超限,经修补后达到要求。 (2) 同左。 (3) 同左	
5. 整治漏水	整治后无漏水	同左	
6. 翻修增设排水沟	(1) 水沟位置、断面、深度符合设计要求; (2) 水沟盖板平稳齐全、平稳无损坏; (3) 沟底坡度符合要求、排水顺畅、不积水	(1) 同左; (2) 同左; (3) 个别处所有轻微积水	
7. 照明大修或增设	(1) 配电及电缆、灯具、照度符合设计要求; (2) 电缆、灯具等安装牢固无松动; (3) 安全设施齐全	(1) 同左; (2) 同左; (3) 同左	
8. 通风设备大修或增设	(1) 通风机及附属设备符合设计要求、运转正常; (2) 风道表面平整、通顺; (3) 各部件联结牢固,启闭灵活	(1) 同左; (2) 同左; (3) 同左	

3. 经常保养

(1)通过对桥隧建筑物的经常检查保养,及时发现和消灭超限处所和临近超限处所,保持桥隧设备状态经常均衡完好,确保行车安全平稳。

(2)保养工作范围:隧道清除烟灰、煤渣、结冰,清理危石及衬砌掉块,疏通排水沟、补充水沟盖板等。

(3)桥隧建筑物保养质量评定:每次评定的情况均应填写于《隧道建筑物保养质量评定记录表》,以备抽查。隧道建筑物保养质量评定标准见表8-2。

表 8-2 隧道建筑物保养质量评定标准

保养标准	扣分条件	单位	扣分
1.隧道排水沟畅通,盖板完好	排水沟有杂草、淤泥、碎石影响排水	m	5
	排水沟盖板缺少、损坏	块	5
2.避车洞标志清晰	避车洞刷白标志及壁面指示箭头不清晰	处	5
3.洞内煤烟无堆积	煤烟堆积	m	5
4.洞内积冰无侵限	积冰侵限	处	10

注:项目超过允许百分数时,扣分包括百分数在内。

4. 隧道巡守

(1)隧道巡守设置:全长在 1 000 m 及以上至 2 000 m 的隧道,设巡守工 3.5 人(昼夜);全长在 2 000 m 以上的隧道,设巡守工 7 人(分两个巡回区,昼夜)。其他隧道,如位于城镇附近行人特别繁忙,或结构特别复杂、地位重要,以及有严重病害需要经常观测的隧道,设巡守。设有机械通风或固定指示照明的隧道,应设昼夜巡守。

(2)桥隧巡守工担负着长大桥隧经常检查和保证安全的重要职责,应严格执行下列制度:

①巡回检查制度。按工务段规定的巡回图巡回检查桥隧建筑物各部及两端各 30 m 范围内线路的状态。监视列车通过建筑物情况,及时发现和处理列车坠物、掉火等不安全因素。将发现的病害及处理结果记入《桥隧巡守工交接班记录簿》内。

②病害观测制度。按照上级规定,对桥隧的病害进行定期观测,填写《桥隧病害观测记录簿》。

③交接班制度。实行日夜连续巡守的桥隧,应执行交接班制度。交接班时,交接班人应会同检查建筑物一遍,并填写《桥隧巡守工交接班记录簿》。接班者未按时到位时,值班巡守工不能离开工作岗位。

④汇报制度。a.发现有危及行车安全的处所,应立即采取保证行车安全的措施,并报告车站和工长;b.洪水期间每日应定时向工务段调度汇报水位及洪水通过桥梁的情况;c.每月定期向工长汇报行车及人身安全、桥(隧)病害变化、小补修工作等情况。

学习任务二 隧道大修管理

一、铁路隧道大修管理

1. 大修工作范围

按照设备状态劣化程度、工程性质、工程量大小和复杂情况,桥隧大修可分为周期大修、重点大修和一般大修等。周期大修是指整孔桥面更换、整孔钢梁(或钢塔架)重新涂装等工程;中桥以上更换梁跨、扩孔、墩台大修、基础加固、复杂的钢梁加固、增设或更换隧道衬砌及需要便线施工的工程等列为重点大修工程;其他病害整治和大修列为一般大修工程。

隧道大修包括:

(1)加固、更换、增设衬砌或扩大限界;

(2)加固洞门及增设仰坡、翼墙等防护设备;

(3)加固、增设或接长明洞;

(4)成段翻修或增设铺底、仰拱或整体道床;

(5)整治漏水,改善和增设排水设备;

(6)修理或更新隧道照明及机械通风。

2. 检查验收

(1)桥隧大修施工单位应建立严格的检查制度,做好施工检查工作。

(2)为保证大修工程质量,应做好质量检查监督工作。

(3)大修验收以每件为单位,工程项目较多、工作量较大的工程,亦可分项或分孔(个)进行验收,但全部工程竣工后,须再进行一次总的质量评定。

(4)桥隧大修工程的质量,以每件工程综合评定,分为"优良""合格""不合格"三个等级。

优良:全部工作项目的质量,一次验收达到合格及以上,其中主要工作项目的质量全部达到优良。

合格:全部工作项目的质量达到合格及以上。

不合格:任何一项工作项目的质量未达到合格。

若不合格项目返工整修,经复验达到合格及以上,只能评为"合格"。

隧道大修管理

隧道大修管理

二、公路隧道保养维修

按照《公路隧道养护技术规范》(JTG HI2—2015)要求。

(1)土建结构的保养维修工作主要包括经常性或预防性的保养和轻微破损部分的维修等内容,以恢复和保持结构的良好使用状态。

(2)当日常检查的判定结果为 A 时,应及时对土建结构进行保养和维修。

①洞口。及时清除洞口边仰坡上的危石浮土,冬季应清除积雪和挂冰,保持洞口边沟和边仰坡上截(排)水沟的完好、畅通,修复洞口挡土墙、护坡、排水设施和减光设施等结构物的轻微损坏,维护洞口花草树木的完好。

②洞身。无衬砌隧道出现的碎裂、松动岩石和危石,应本着少清除多稳固的原则加以处理;围岩的渗漏水,应开设泄水孔接引水管,将水导入边沟排出;冬季应及时清除洞顶挂冰。

有衬砌隧道出现的衬砌起层或剥离,应及时加以清除或加固;对衬砌的渗漏水,可将水流引入边沟排出;冬季应及时清除洞顶挂冰等。

③路面。及时清除隧道内外路面上的塌(散)落物,及时修复、更换损坏的井盖或其他设施的盖板;当路面出现渗漏水时,应及时处理,将水引入边沟排出,防止路面积水或结冰;冬季应及时清除洞口处积雪。

④人行和车行横洞。横洞内严禁存放任何非救援用物品,及时清除散落杂物,修复轻微破损结构,定期保养横洞门,确保横洞清洁、畅通。

⑤斜(竖)井。及时清除井内可能损伤通风设施或影响通风效果的异物;维护井内排水设施的完好,保持水沟(管)的畅通;对井内的检查通道或设施进行保养,防止其锈蚀或损坏。

⑥风道。清理送(排)风口的网罩,清除堵塞网眼的杂物;定期保养风道板吊杆,防止其锈蚀或损坏;及时修复风口或风道的破损,更换损坏的风道板。

⑦排水设施。维护隧道内外排水设施的完好,发现破损及时修复;排水管堵塞时,可用高压水或压缩空气疏通。

⑧吊顶和内装。吊顶和内装应保持完好和整洁美观,如有破损、缺失,应及时修补恢复,不能修复的应及时更新。

⑨人行道或检修道。维护人行道或检修道的完好和畅通,道板如有破损或缺失,应及时进行修复和补充;定期保养人行道或检修道护栏,防止其锈蚀、损坏。

(3)寒冷地区隧道的防冻保温设施应做好保养维护,如有损坏应及时维修,确保其正常使用功能。

(4)洞口设有防雪设施的隧道应做好防雪设施的保养维护,并在大雪降临前完成设施的维修加固。

(5)隧道的交通标志应保持外观完整、清晰、醒目,保持位置、高度和角度适当,确保交通信息传递无误。

①及时清洗标志牌面的脏污,清除遮挡标志的障碍。

②及时修补变形、破损的标牌,修复弯曲、倾斜的支柱,紧固松动的连接构件。

③对锈蚀损坏、老化失效的标志,应及时更换,缺失的应及时补充。

(6)隧道的交通标线应保持完整、清洁和醒目。

①及时清洗脏污的标线,对破损严重和脱落的标线应及时补画。

②清除突起路标的脏污和杂物,及时紧固松动的路标,发现损坏或丢失的,应及时修复或补换。

三、公路隧道病害处治

(1)病害处治应根据结构检查结果,针对病害产生原因,按照安全、经济、合理的原则确定方案。

(2)采用衬砌背面注浆方法处治病害,应符合下列要求:

①应根据专项检查结果,确定空隙部位,合理布置注浆孔。

②注浆压力应小于 0.5 MPa,在注浆过程中应加强监测。当发生衬砌变形或排水系统堵塞等异常情况时,可降低注浆压力或采用间歇注浆,直到停止注浆。

③注浆效果检查可采取钻孔取芯、超声波或雷达检测等方法。

(3)采用防护网方法处治病害,应符合下列要求:

①防护网必须选用耐火的材料。

②施工前应凿除衬砌剥离劣化部分。

③防护网可用锚栓固定在衬砌表面上,应固定牢固。

(4)采用喷射混凝土方法处治病害,应符合下列要求:

①喷射混凝土的种类主要有素混凝土、钢筋网喷射水泥砂浆、钢筋网喷射混凝土和钢纤维喷射混凝土等,应根据病害程度和施工条件等因素进行选择。

②喷射混凝土必须有足够的强度和附着率,其配合比应通过试验确定,喷射机的工作风压应满足喷头处的压力在 0.1 MPa 左右。

③当采用钢筋网喷射混凝土时,钢筋网必须有恰当的保护层厚度。

④喷射混凝土终凝 2 h 后应喷水养护,养护时间应不少于 7 d;当隧道内相对湿度大于 85% 时,可采用自然养护。寒冷地区的养护应按相关规范进行。

⑤当喷射混凝土作业完成后,应对喷射混凝土层进行检测,强度指标应达到设计要求。其强度指标及检测方法可按表 8-3 执行。

表 8 - 3　锚喷支护实测项目

序号	检查项目	规定值或允许偏差	检查方法和频率
1	混凝土强度/MPa	在合格标准内	喷射混凝土抗压强度系指在喷射混凝土板件上,切割制取边长为 10 cm 的立方体试件,在标准养护条件下养护 28 d,用标准试验方法测得的极限抗压强度,乘以 0.95 的系数
2	锚杆拔力/kN	28 d 拔力平均值不小于设计值,最小拔力不小于 0.9 倍设计值	按锚杆数 1% 做拔力试验,且不小于 3 根
3	喷层厚度/mm	平均厚度不小于设计厚度;检查点的 60% 不小于设计厚度;最小厚度不小于 0.5 倍设计厚度,且不小于 50 mm	每 10 m 检查 1 个断面,每个断面从拱顶中线起每 2 m 检查 1 点,用凿孔或激光断面仪、光带摄影法确定厚度

(5)采用锚杆加固方法处治病害,应符合下列要求:

①锚杆的长度和间距应根据病害原因和地质情况确定。

②当采用水泥砂浆锚杆时,注浆开始或中途停止超过 30 min,应用水或稀水泥浆润滑注浆罐及其管路;杆体插入后,若孔口无砂浆溢出,应及时补注。

③当采用自进式锚杆时,安装前应检查锚杆中孔和钻头的水孔是否畅通,若有异物堵塞应及时清理;锚杆灌浆料宜采用纯水泥浆,地质条件差时可灌入聚氨酯、硅树脂。

④锚杆质量的检查可按要求做锚杆拔力试验。

(6)采用排水、止水方法处治病害,应符合下列要求:

①当隧道局部出现涌水病害时,宜采用外置排水管和开槽埋管的排水法处治。其施工应注意以下事项:

a.水管的位置、间距应根据涌水量的大小和位置等情况确定;

b.水管不得堵塞,管道材料应具有抗老化性和足够强度;

c.当采用开槽埋管法时,衬砌表面可用氯丁橡胶等材料覆盖;

d.当采用外置排水管时,可用固定装置将 U 形排水管固定在衬砌表面,将水引入管内排出;

e.外置排水管的设置不得侵入建筑限界,并严禁在设置机电设施的地方开凿排水沟槽;

f.设置外置排水管应尽量减少对隧道外观的破坏。

②当地下水沿衬砌裂纹、施工缝以滴水形式漏出时,宜采用向衬砌内注浆的止水法。其施工应注意以下规定:

　　a.衬砌内注浆宜采用水泥浆液、超细水泥浆液、自流平水泥浆液、化学浆液；

　　b.注浆时采用低压低速注浆,化学注浆压力宜为 $0.2\sim0.4$ MPa,水泥浆注浆压力宜为 $0.4\sim0.8$ MPa;

　　c.进浆后待缝内浆液初凝而不外流时,方可拆下注浆嘴并进行封口抹平;

　　d.衬砌裂缝的注浆施工质量检验可采用渗漏水量测,必要时采用钻孔取芯压水(或空气)等方法检查。

　　③当漏水量小且呈表面渗透状时,可设置防水板进行处治。施工时应注意以下要求:

　　a.防水板材料应具有耐热和耐油性,一般用聚乙烯(PE)、乙烯醋酸共聚体(EVA)、橡塑、橡胶板等;

　　b.防水板不得侵入建筑限界;

　　c.施工前应清除粉尘并保护好电缆等设施;

　　d.防水板的搭接处理应牢固,不漏水;

　　e.有裂纹需要检查的部位,可在防水板上设置检查观察窗。

　　④当地下水特别发育并有稳定来源时,可采取在隧道内设置排水孔、水平钻孔、加深排水沟和深井降水等措施。施工时应注意以下规定:

　　a.应采用过滤性良好的材料,防止排水孔堵塞;

　　b.应根据地下水位确定排水沟加深的深度;

　　c.排水孔和排水沟之间应有管道联系;

　　d.排水钻孔的位置必须根据围岩的地质条件和地下水的状况决定。

　　(7)采用套拱加固方法处治病害,应符合下列要求:

　　①套拱设计不得侵入建筑限界。

　　②为确保衬砌与套拱结合牢固,施工前应凿除衬砌劣化部分,衬砌内面应涂抹界面剂,并设置联系钢筋。

　　③当套拱厚度较大时,可在套拱与衬砌之间设置防水层。

　　④当隧道净空无富余时,可在衬砌的裂纹处贴碳素纤维,提高衬砌承载能力。

　　(8)采用设置绝热层方法处治病害,应符合下列要求:

　　①应选用导热系数小和耐高温的绝热材料。

　　②绝热层的厚度和延长幅度应根据气象数据、岩体和绝热材料的性质确定。

　　(9)采用滑坡整治方法处治病害,应符合下列要求:

　　①洞口段边仰坡出现裂缝,可用黏土等填实,必要时可采用锚杆加固。

　　②滑动面以上地层厚度不大时,可在滑动面下端设置抗滑锚固桩。

　　③对洞顶山体进行保护性开挖,减轻下滑力。

　　④在滑动面下方修筑挡土墙,进行保护性填土,土方应夯实、不积水。

(10)采用围岩注浆方法处治病害,应符合下列要求:

①围岩注浆压力应比静水压力大 0.5～1.5 MPa。

②注浆材料宜采用水泥浆液、超细水泥浆液、自流平水泥浆液等。

③围岩注浆可采取钻孔取芯法对注浆效果进行检查,必要时进行压(抽)水试验,当检查孔的吸水量大于 1.0 L/min 时,必须进行补充注浆。

④注浆结束后,应将注浆孔及检查孔封填密实。

(11)采用增设仰拱方法处治病害,应符合下列要求:

①仰拱的厚度可根据围岩情况确定。

②应使用拱架模板浇筑仰拱混凝土。

(12)采用更换衬砌方法处治病害,应符合下列要求:

①衬砌的内轮廓线必须与原衬砌内轮廓线一致。

②施工前应收集衬砌背面空洞和围岩垮塌资料,必要时可用超声波进行检测。

③拆除衬砌时,应根据围岩的地质情况及时进行支撑。

④施工时,在不影响通行的情况下,可采用简易施工台车。

四、土建结构的养护内容

隧道的土建结构主要是指隧道的各类土木建筑工程结构物,如洞门、衬砌、路面、防排水设施、斜(竖)井、检修道及风道等构筑物。这些构筑物在隧道的运营使用过程中会出现脏污、病害等情况,这些情况的发生都会影响到隧道的使用性能,严重的还会危及隧道的安全使用。所以对隧道土建结构的清洁维护、结构检查、保养维修和病害处治是养护的主要工作。表 8-4 概括了土建结构类养护工作的主要内容。

表 8-4　隧道土建结构的养护内容

阶段类型		具体养护内容
清洁维护		对隧道内路面定期进行清洁
		对隧道的顶板和内装定期进行清洁
		对隧道的排水设施定期进行清洁和疏通
		对隧道的标志、标线定期进行清洁维护,保持清晰、醒目
结构检查	日常检查	专项检查
	定期检查	
	特别检查	

续表

阶段类型	具体养护内容	
保养维修	对土建结构的保养和维修	洞门(端墙式、翼墙式、环框式、遮光棚式、柱式、拱形明洞等)
		洞身(整体式、模筑混凝土、装配式、锚喷支护、复合式衬砌等)
		路面
		人行和车行横洞
		斜(竖)井
		风道
		排水设施
		吊顶和内装
		人行道或检修道
	对寒冷地区隧道的防冻保温设施的保养维护	
	对洞口设有防雪设施的隧道防雪设施的保养和维护	
	隧道交通标志的保养和维护	及时清污、清障
		及时修补、紧固
		及时更换、补充
	隧道交通标线的保养和维护	及时清污、补画
		及时修复、补换

案例分析

一、工程概况

某隧道净宽 10.25 m,净高 5.0 m。左线全长 2 233 m,右线全长 2 216 m。左线纵坡为 2.35%,右线纵坡为 1.85%。隧道进出口段地层为粉砂岩、砾岩、砂砾岩夹泥岩;洞身段地层为粉砂岩、砾岩、砂砾岩夹泥岩及千枚状板岩、炭质板岩夹中薄层砂质板岩、薄层-中厚层灰岩。根据围岩地质和施工条件,隧道衬砌结构采用新奥法(新奥地利隧道施工方法)施工,以锚杆、喷射混凝土、钢筋网、钢拱架或格栅钢架为初期支护,模筑混凝土或钢筋混凝土为二次衬砌。

二、病害检测及分析

1. 测线布置

在拱顶左、右 1 m 处,左、右拱腰处,左、右起拱线处,左、右电缆槽处共布置 8 条测线,仰拱取芯钻孔线距电缆槽边线 0.5 m。全断面采用多维隧道智能检测法对隧道裂缝、渗水、剥落等外观病害进行数据采集,采用地质雷达复测二次衬砌厚度。

2.检测结果及分析

1)衬砌裂缝

衬砌裂缝 714 条,裂缝宽度≥0.3 mm 共计 2 019.88 m,宽度<0.3 mm 共计 335.73 m。其中环向裂缝 454 条,占 63.59%,长 0.66~19.59 m,宽 0.2~2.0 mm;纵向裂缝 205 条,占 28.71%,长 1.0~17.08 m,宽 0.20~0.55 mm;斜向裂缝 55 条,占 7.70%,长 0.83~14.27 m,宽 0.20~0.55 mm。环向裂缝为主要裂缝类型,主要分布在拱脚(起拱线)范围内。随着裂缝的发展,混凝土碳化深度不断增加,影响混凝土衬砌耐久性,严重时造成隧道边墙断裂、掉拱,甚至引起塌方;同时裂缝贯通为地下水提供渗流通道,进一步劣化钢筋混凝土结构,降低隧道衬砌承载力。

2)衬砌厚度

检测二次衬砌厚度不足 54 处,其中检测厚度<(设计厚度/2)的达 37 处,厚 3.4~25 cm,主要分布在拱顶及拱腰;(设计厚度/2)<检测厚度<设计厚度的有 17 处,厚 33.0~48.3 cm,主要分布在侧墙。

3)衬砌脱空

衬砌脱空 19 处,主要分布在拱顶左、右侧 1 m 范围内,长 1~10 m,宽 1.5~2.9 m,空腔厚 10~40 cm。其中模板脱空占 68.42%,为脱空主要来源。衬砌脱空部位厚度不足,引起衬砌结构局部应力集中,从而造成衬砌内力增加;同时地下水发育地段脱空区易积水,导致衬砌水压增加,洞口段脱空区积水还会引起钢筋混凝土冻胀,降低隧道衬砌结构的耐久性。空腔长度、宽度和厚度的增加,会加剧对隧道衬砌结构的影响。

4)渗漏水

衬砌渗漏水 20 处,其中衬砌渗漏水(干)10 处,共 3.83 m^2,衬砌渗漏水(湿)10 处,共 10.78 m^2,主要分布在拱脚。随着衬砌渗漏水,混凝土结构劣化、钢筋锈蚀,寒冷季节隧道洞口段渗水易产生冻融循环,破坏衬砌。

三、维修加固方案

1.衬砌厚度不足处治

1)全断面换拱

对局部缺陷严重部位采用临时钢架支撑,防止裂缝继续扩展和掉块脱落,确保施工安全。采用 4 m 长 ϕ42 mm×4 mm 注浆小导管(纵向间距 1 m、环向间距 2 m)对处治段周边围岩径向进行注浆加固,增强围岩整体性。注浆环固结后,每 3 m 跳槽由上而下拆除原二次衬砌、防水板及初期支护,采用 6 m 长 ϕ32 mm 自进式中空注浆锚杆(纵向间距 1 m、环向间距 2 m)加固缺陷范围周边围岩,锚杆与径向注浆导管呈梅花形交错布置。施作 I20a 钢拱架,间距 50 cm,采用连接钢筋增强其整体性,喷射 C25 早强混凝土 26 cm,在初期支护表面铺设 Ω 形环向盲管,并接入边墙底部纵向排水管。初期支护重新施作后进行下一循环,2 个循环后进行防水板和二次衬砌的施作,二次衬砌采用 50 cm 厚 C30 钢筋混凝土衬砌。施工时避开临时支撑间隔施工,每段二次衬砌施工完毕后应进行拱背压浆,确保二次衬砌厚度及密实度满足要求。

2)套衬加固

采用 4 m 长 ϕ42 mm×4 mm 注浆小导管(纵向、环向间距各 1 m)和 6 m 长 ϕ32 mm 自进式中空注浆锚杆(纵向间距 1 m、环向间距 2 m)加固缺陷范围周边围岩,锚杆与径向注浆导管交错布置,增强围岩整体性。凿毛二次衬砌表面,在钻孔出水处埋设环向排水盲管引排渗漏水。涂刷 2 mm 厚界面剂,安装 7.937 cm 高轻型钢轨,拱架纵向间距为 0.5 m,采用钢筋连接,环向采用 ϕ20 mm 钢筋锚固于原二次衬砌混凝土中,间距 50 cm;喷射 12 cm 厚 C30 钢纤维混凝土,喷射混凝土两侧与原内轮廓平缓顺接,采用聚合物砂浆平整表面,恢复涂装。

3)喷射钢纤维混凝土补强

凿毛二次衬砌,修补衬砌裂缝,对背后脱空部位进行注浆填实。在凿毛面上涂刷 2 mm 厚界面剂,安装扩底锚栓,锚固深度≥10 cm,锚固间距为 65 cm×65 cm,呈梅花形布设,挂设 ϕ12 mm 钢筋网片,间距为 20 cm×20 cm,喷射 10 cm 厚 C30 钢纤维喷射混凝土(添加 8% 水泥用量的无碱速凝剂)。采用聚合物砂浆平整表面,恢复涂装,如图 8-1 所示。

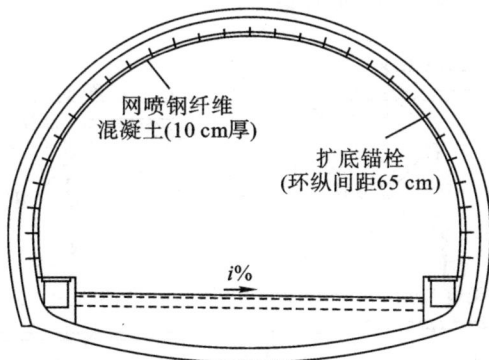

图 8-1　二次衬砌喷射混凝土补强设计

4)钢板钢带补强

环向钢板为宽 25 cm、长 6.0 m、厚 5 mm 的 Q345 钢板,分段处采用平口焊接连接钢板,钢板纵向间距为 65 cm。纵向连接钢带为长 0.9 m、宽 25 cm、厚 5 mm 的 Q345 钢板,环距为 1.05 m,搭接长度为 25 cm;钢带采用专用粘钢胶与衬砌混凝土黏结牢固,拱部及边墙采用 ϕ16 mm×200 mm 螺栓固定,采用聚合物砂浆抹平钢带加固段衬砌表面,恢复涂装,如图 8-2 所示。

(a) 立面   单位：mm   (b) 平面

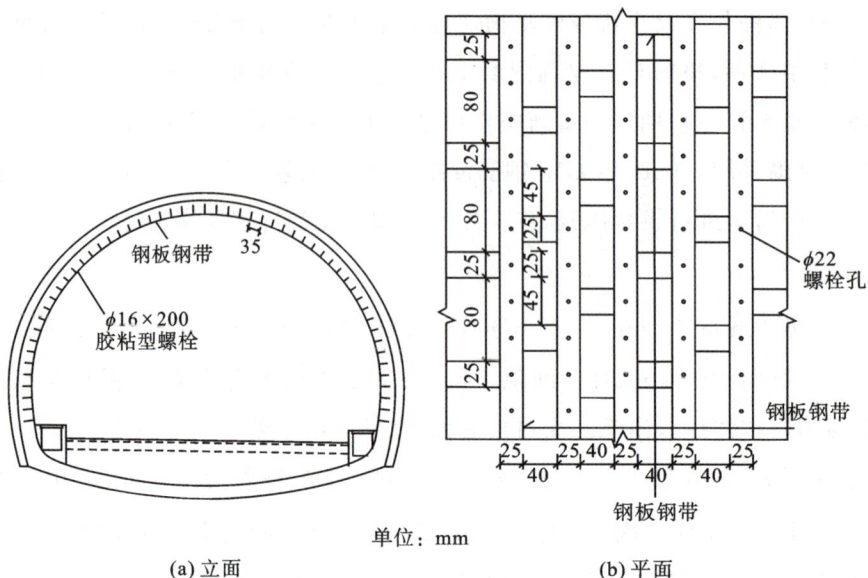

图 8-2 钢板钢带补强

2. 裂缝处治

宽度＜0.3 mm 的裂缝采用专用裂缝胶灌注封闭，并加强后期观察；宽度≥0.3 mm 的裂缝采用低压慢注修补法。裂缝封闭前，从上而下清理两侧 5 cm 范围内的灰尘、浮浆，然后用丙酮擦洗清除裂缝周围油污。裂缝封闭时，从上至下沿裂缝涂抹封缝胶，宽 2～3 cm，厚 2 mm，沿裂缝顺直涂刷，保证表面美观，如图 8-3 所示。

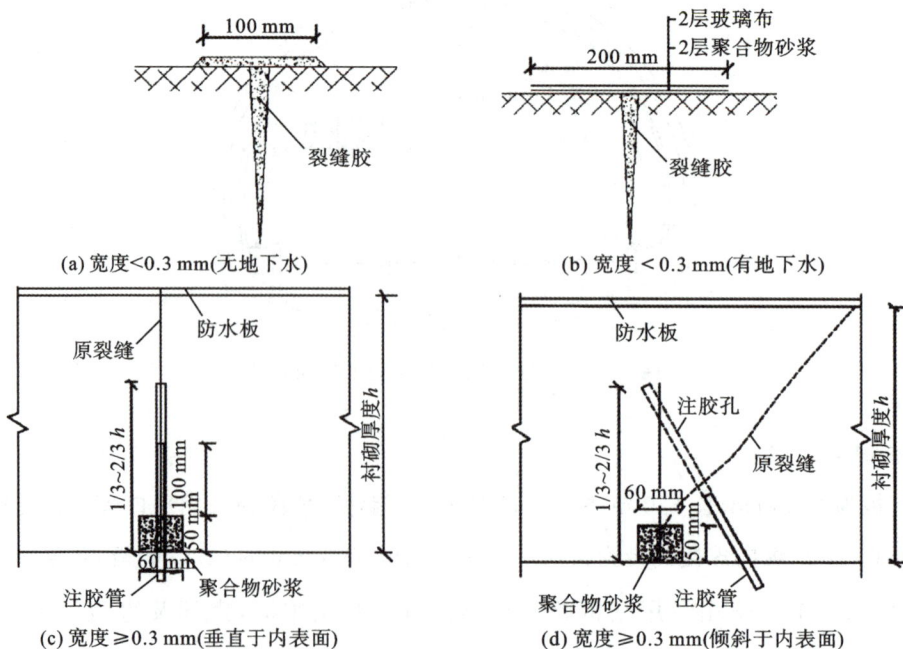

(a) 宽度＜0.3 mm(无地下水)   (b) 宽度＜0.3 mm(有地下水)

(c) 宽度≥0.3 mm(垂直于内表面)   (d) 宽度≥0.3 mm(倾斜于内表面)

图 8-3 裂缝处治

(1)环向裂缝:贯通性裂缝的危害较大,沿裂缝方向凿成 V 形槽,在槽内骑缝钻孔,在孔内插入压浆管,利用环氧树脂水泥砂浆锚固,用灰刀将砂浆压实抹光。待环氧树脂砂浆有一定强度后,压入水泥-水玻璃浆液或环氧树脂浆液。

(2)纵向裂缝:除对裂缝本身进行上述压浆堵缝外,还在衬砌开裂范围内采取锚杆加固措施。

3. 衬砌脱空处治

衬砌背后脱空部位采用 $\phi42$ mm 钢花管注 M30 水泥砂浆加固,灌注压力$\leqslant$0.3 MPa。按由下向上、由少水处向多水处、先两端后中间顺序施工;在地下水富集、有水压段落,先设置泄水孔排水,再进行灌注,如图 8-4 所示。

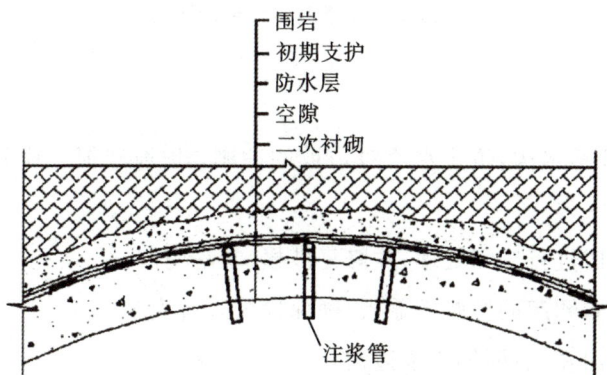

围岩
初期支护
防水层
空隙
二次衬砌
注浆管

图 8-4　衬砌脱空处治

4. 渗漏水处治

采用斜缝注射聚氨酯类发泡胶液封堵。注浆孔间距 30 cm,从下至上,先封堵裂缝,注浆压力$\leqslant$0.5 MPa,直至浆液溢出注浆孔,停止注浆;封缝采用环氧砂浆。凿出深 50 mm、内大(150 mm)外小(100 mm)的倒梯形槽;注浆完毕后,在槽内及周围填塞聚合物砂浆。

(1)线状渗漏水:沿裂隙凿槽间隔 1 m 埋设铝质注浆管,用水泥-水玻璃双液浆回填、封堵。

(2)点状渗漏水:用电钻在出水口钻孔,将水用管导出,在出水孔周围凿深 5 cm、直径$\geqslant$15 cm的圆形凹面,用防水灰浆涂刷,用双快水泥砂浆封堵并埋设铝质钢管进行注浆,如图 8-5所示。

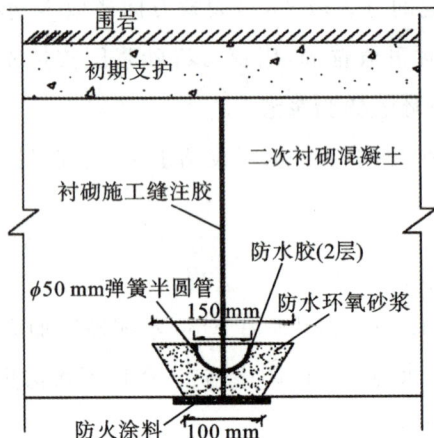

图 8−5 渗漏水处治设计

5.其他

(1)疏通洞口、洞顶截水沟,防止水流对边坡的冲刷;护坡破损处应先回填脱空部分,再进行修复处理。

(2)对洞门松动瓷砖进行锚固处理,并修复破损、剥落瓷砖。

(3)修复缺失、塌陷、翘起的检修道盖板,确保检修人员安全。

(4)彻底清理隧道内左、右两侧排水边沟。

(5)对开裂的保温板进行螺栓加固处理,对涂层剥落处铲除剥落周边松动的涂层,做修复处理。

思考与练习

1.隧道维修(整修加固)的主要工作项目有哪些?

2.如何进行隧道巡守设置?

3.桥隧巡守在进行桥隧经常检查时应执行哪些制度?